▲ 主持人涂磊与求职者杨思琪 "创业经验在职场中也可以复制"

▲ 主持人涂磊与求职者李庆欢 "抛开专业与学历,你凭的是什么?"

◀ 主持人涂磊与求职者
牛晶

◀ 主持人涂磊与求职者
薛飞 "面对质疑要
以不变应万变"

◀ 主持人涂磊与求职者
杨珊 "巧妙应对棘
手问题"

▲ 主持人涂磊

◀ 《非你莫属》BOSS团成员：左一思埠集团CEO马锐，左二咖啡之翼董事长尹峰

▲ 主持人涂磊与58同城员工刘晗（右二）、胡小倩（右一）

▲ 《非你莫属》求职面试现场，从左至右依次为：主持人涂磊，BOSS团成员梅向荣、杜子建、郝颖，求职者童言，推荐人徐睿

▲ 《非你莫属》求职面试现场，从左至右依次为：主持人涂磊，求职者王宇轩，推荐人慕岩

▲ 《非你莫属》BOSS团：左一新浪微博运营总监董文俊，左二韩束化妆品总经理郝颖，左三华艺传媒创始人杜子建

面试成功者薪酬▶

◀思埠集团CEO马锐

▲ 《非你莫属》BOSS团：右一58同城高级副总裁段冬，右二陆金所董事长计葵生，右三咖啡之翼董事长尹峰，右四思埠集团CEO马锐，右五优胜教育集团董事长陈昊

▲ 《非你莫属》求职面试现场，从左至右依次为：主持人涂磊，BOSS团成员梅向荣、杜子建、郝颖，求职者童言，推荐人徐睿

▲ 求职者郭真如 "想创业也要具备空杯心态"

▲ 58同城高级副总裁段冬

▲ 求职者杨晶元 "分析问题要站在老板的立场"

▲ 黄健翔与求职者季逸 "在目标企业面前不要太矜持"

▶ 求职者王彦民 "就业"
之后的"择业"问题

北京美尔目眼科医院董事
长叶子隆 ▶

▲ 主持人黄健翔、涂磊与求职者李亚峰 "左右逢源还是四面楚歌"

什么样的你和好工作最配

学会营销你自己

《非你莫属》栏目组◎编著

文化发展出版社
Cultural Development Press

图书在版编目（CIP）数据

什么样的你和好工作最配 ／ 《非你莫属》栏目组编
著. —北京：文化发展出版社有限公司，2016.6
　ISBN 978-7-5142-1331-7

　Ⅰ.①什… Ⅱ.①非… Ⅲ.①职业选择—通俗读物
Ⅳ.①C913.2-49

中国版本图书馆CIP数据核字(2016)第115896号

本著作为天津卫视官方图书，由天视卫星传媒股份有限公司授权京华傲博（长沙）
文化传播有限公司委托文化发展出版社在中国大陆地区出版发行中文简体字版本。
非经书面同意，不得以任何形式转载和使用。

什么样的你和好工作最配
编著：《非你莫属》栏目组

责任编辑：肖润征
特约监制：刘杰辉
策　　划：许晓善
特约编辑：孙悦久
出版发行：文化发展出版社（北京市翠微路2号 邮编：100036）
网址：www.pprint.cn
经销：各地新华书店
印刷：北京嘉业印刷厂

开本：700mm×1000mm　1/16
字数：206千字
印张：18
印次：2016年7月第1版　2016年7月第1次印刷
定价：39.80元
ISBN：978-7-5142-1331-7

当前中国就业形势非常严峻，每年都有几百万的大学毕业生面临找工作的压力，在他们走出校园时，首先要解决的一件大事就是就业。

是企业不需要人才吗？还是企业的人才已经饱和了？为什么现在的大学毕业生找工作压力这么大？事实上，企业也面临着同样的难题，在大学生为找工作发愁的时候，企业也在绞尽脑汁寻找人才，这其实是存在一种信息的不对称。

天津卫视《非你莫属》是全国首创的大型职场真人秀节目，打破了现实招聘中枯燥、乏味的面试现场，以最真实、最具冲击力的感官体验绘声绘色地呈献给观众。每期节目都会有来自全国各地的求职者通过才艺展示、职场技能等环节来应对12家企业BOSS的职场考核。

本书集合了天津卫视《非你莫属》栏目的经典案例和求职实用技巧，BOSS指导找到好工作的方法，是一本对求职、面试，以及初入职场的"菜鸟"具有指导意义的书。本书的特点是既有理论，又有故事，贴近现实，而且案例都是选自《非你莫属》节目的真人求职经历。

面试成功是走好职场的第一步。读者不仅可以从真实的成功案例中学习到求职面试的经验，还可以联系自身的实际借鉴他人的求职失意经验。本书通过再现求职者与BOSS和主持人之间的对话交流，可以使读者捕捉职场的成功秘笈，窥探职场生存法则，从而更加从容地面对职场考验。

在本书写作过程中，感谢本书特约策划及顾问、国家高级职业指导师熊健女士对本书提供的职业指导建议与帮助；同时也感谢申世卿、闫翠娟两位老师对《非你莫属》素材的整理；还有孙悦久老师审稿时对稿件的整体把控；韩沐晓老师对本书提供的策划思路；以及为本书的出版提供过帮助的所有朋友。这是一个协作的时代，同时也是一个互助的时代，在这个时代下我们集众人之力出版了这本书，愿本书为奔跑在求职路上的孩子找到阳光。

|目录|
Contents

　　12个老板，3个专家，1个选手，1个主持人，七嘴八舌不过15张嘴，《非你莫属》还多出两张嘴！其中老板的那12张嘴，皆非等闲之辈，各为其主，各主其嘴，各显其能！专家谨言慎行，但若是与老板杠上，或是较起真来，也甚是了得！剩下的只是台上的我和选手，同命运，共呼吸！调停老板的争论，挖掘选手的才能，对善恶要黑白分明，对虚伪要毫不留情，混乱之中要维持秩序，激烈争论要观点制胜，前要与老板斗智斗勇，后要与选手共同进退，要有不怕得罪人的果决，也要有缓和气氛的情商，要有能连续站立一整天的体力，还要有时刻灵敏清醒的头脑，《非你莫属》大概是中国最难主持的节目！但也正是舞台之上的激烈、坦诚、温情、热泪、欢笑，种种人性的本真，目目难忘的场景，证明这里是一个真实且靠谱的舞台。因为太真实，有些许残忍；因为太靠谱，有些许反常！就是这样一档节目走过了5年，迎来了无数选手，促成了无数梦想，拭去了许多泪水，收获了满满的欢笑！

　　未经失恋不懂爱情，未经失业不懂职场！《非你莫属》的舞台上，所有选手自信地走来，但离别时却是各怀心事，各有所得。应聘成功的未必满心欢喜，求职失败的也许另有收获，广受青睐的最后也许选择错误，不被看好的却可能抓准了机遇。瞬息万变的舞台，正是真实职场的写照，一丝的懈怠可能会前功尽弃，细节的专注能决定结果，怎么办？一句话，唯有坦诚和专注！12个老板，12种性格，12种口味，12种人生，12种思考，12种心思，12种情感，12种脾气，对待选手，他们有发自肺腑的爱、怒其不争的恨、醍醐灌顶的责、掏心掏肺的累！与其肆意揣摩，不如真诚面对，人性的复杂不是年轻求职者的所长，心口如一的简单往往能使复杂的老板如沐春风。与其百般解释，不如坦然道歉，1张嘴对12张嘴显然不是对手，勇敢认错反而能让老板无话可说。与其过度包装，不如赤裸相见，自我包装显然是老板的拿手本领，朴素的本真倒能使老板相形见绌。与其随机应变，不如准备充分，再聪明的脑子也无法应对舞台的瞬息万变，做足功课才能事半功倍。

　　这个世界，没有什么是非你不可，当然也就没有什么是非你莫属！但面对机遇，我们要有舍我其谁，非我莫属的勇气，切不可投机懈怠！一个年轻人把手放在背后，手中握着一只小鸟，他微笑着问一个老者，你猜我手中的鸟儿是死是活？他自鸣得意地心想：你若说活，我便掐死；你若说死，我便放飞！老者微笑着说：生命在你手中！

涂磊于2016年3月27日傍晚

　　《非你莫属》是我制作的第33档节目，也是我多年混迹职场、亲历或目击了许多职场趣事的一次大胆尝试。

　　当时正是婚恋类节目最火爆的时候，全国有20多档同类型节目。中国人讲究"成家立业"，成家找对象的事情有人做了，而且很成功。立业也是刚需，我们就想做一个创业或找工作类的节目，职场也好，创业也好。后来就想，干脆做一个找工作的吧！这个节目类型没人做过，包括国外也没有先例。

　　社会上越来越多的人正在寻求工作，他们需要一个渠道来获得关于当代社会需要什么、特定的行业里真正发生的是什么以及如何商谈工资等这些方面的知识。《非你莫属》是一个中国青年和家长了解社会和企业需求的平台。通过老板、主持人和求职者之间的对话，你就会知道什么才是当今职场所接受和需要的。

　　我把制作《非你莫属》的过程当作生活体验，以及感悟人性的一种方式。

　　《非你莫属》的老板来自不同的行业，每位老板都有自己独特的价值观和特点。观众大多对一个老板的个性比对他的企业的规模更感兴趣。在节目中，老板代表了商业世界的社会规范，并给观众提供一个了解招聘者的观点和决策的平台。风格多样的老板有助于节目的剧情化。有些老板严格、挑剔，甚至对求职者的表现吹毛求疵；而一些老板是站在求职者一面的，并且特别强调求职者的强项。这种不同风格的存在有时也增加了节目的喜剧元素。老板的声音和集体智慧为节目提供了很多的内容。

　　《非你莫属》的求职者是当下中国职场人群的缩影。在这个舞台上，有刚刚大学毕业的职场小白，有在社会上混迹多年的职场老炮，有高学历高能力的职场精英，也有低学历多经历的职场草根。无论你有怎样的职场经历，都可以在《非你莫属》的求职者身上对号入座，找到自己的影子，也可以借他们的面试经历获得人生启发。从《非你莫属》上走出的求职者，无论最终求职成功与否，他们都曾聚12位老板的焦点于一身，他们的优点和不足会被挖掘得淋漓尽致，这是人生的一次洗礼。

刘　爽

| 第一章 |

为"讨好"面试官你应该做些什么

量身定做，设计能力

作为一名即将走出校园、步入社会的大学生，摆在我们面前最大的考验便是"找工作"。然而，我们自己是否具备与工作职位相匹配的能力呢？面对各行各业"招贤纳士"的广告，我们是不是能够信心满满。

要知道，企业没有义务培养一个人，面试官所在意的是你能不能为企业创造价值。"两手空空"前来面试，你凭的是什么？

职场竞争异常激烈，为了能使自己在面试过程中脱颖而出，得到面试官的青睐，我们应当未雨绸缪。具体而言，应当根据自己的兴趣、爱好、特长等为自己的将来做好规划，并且要根据目标职位的需求来设计自己的能力，然后还要有的放矢地增强自己的知识储备和综合素质。

俗话说，"书到用时方恨少"。能力也一样，都需要一个实践和积累过程，等到面试前再"临时抱佛脚"是不可取的，没有积累是不可能真正具备某种能力的。

所以说，求职者在日常学习、生活中应根据个人将来的就业意向、有意地锻炼自己的某些能力，如沟通能力、交际能力、适应能力、概括能力、分析能力、团队合作能力，等等。

大学校园是一个开放性的环境，相当于半个社会。除了学习专业知识以外，我们还经常有机会参与各种各样的社团活动，获得各种各样的实习机会。这些看似与学习本身无关的各类活动，实际上对我们将来走向职场有非常大的帮助。

我们不可能成为全能人才，但为了实现理想的职业目标，量体裁衣地设计能力或许还是可行的。不妨在读书之余参与一些实践活动，培养自己的多方面能力和素质，为将来就业做好准备。

面对自己的目标企业或目标职位，我们能否充分展示自己的能力特长、满足企业的要求直接关乎面试的成败。

能力也可以设计。未雨绸缪，给自己做规划；有的放矢，为自己设计能力。要想求职成功，需要做好规划，有针对性地提高自己的能力。

计划将来从事行政性工作的学生，可以在学校期间参加学生会或各种社团，参与各种活动的组织、策划工作，通过这种校园活动增强自己处理问题和解决问题的能力；另外，还可以利用业余时间做一些与行政类工作相关的社会兼职，可以去某公司进行相关岗位的实习，如秘书、助理、文员等岗位。

如果将来打算从事营销类工作，可以在闲暇时间做一些营销方面的兼职，比如校园代理，考研、化妆品、服装等方面的；也可以做促销员或摆地摊。总之能够为自己增长营销方面的相关经验和能力的工作都可以尝试。

在现实的求职面试过程中，大学生在上学期间的兼职经历往往能够为他们的求职增加一些额外的亮点。这些兼职或校园实践活动使求职者提前具备了一定程度的职业素质，从而为他们的面试表现加分，相对于没有相关经验的选手来说他们显得更加符合岗位需求，更容易赢得面试官的赞赏。

总之，设计能力并非投机取巧、走捷径，而是要专注目标、努力追求。能力的积累需要实践的过程，需要时间的沉淀。每一个优秀的人必然付出过比别人更多的努力，临时抱佛脚不是个好主意。

非你莫属——求职故事再现

求职者姓名：刘婷婷

节目时间：2015年5月4日

最高学历：硕士研究生

就读院校：北京航空航天大学外国语学院，英语笔译专业

求职意向：助理类，管培生

形象姣好、端庄秀丽的刘婷婷，她希望在这里能够找到一份助理类或者是管培生的工作。

推荐人慕岩给刘婷婷的推介理由："婷婷在跨国公司——'宝马'实习过，在APEC做过志愿者。另外，她还担任过学生会文艺部的负责人，沟通组织能力都很强，个人素质也很高，应聘助理、运营类的工作是非常靠谱的。"

> **慕岩**
> "中国首席婚恋服务专家——百合网"联合创始人

简单介绍后，现场主持人涂磊开始针对她的兼职经历进行了解，问她："做过哪些兼职？"

婷婷回答："本科期间，我在出版社做过兼职编辑工作，另外，还在某网络科技公司做过翻译，主要是翻译新闻；研究生期间在宝马公司IT部门有过3个月的实习工作经历，做整个团队的支持性工作。"

涂磊又追问："你参加过哪些其他的志愿者活动？"

婷婷介绍："去年举行的'第四届北京国际电影节'，我做过志愿者；还有去年11月份的APEC会议期间，我们是做机场抵离组的志愿者。"婷婷自述在此期间接受过一些礼仪方面的培训，主持人请现场

BOSS配合互动，婷婷对站姿、蹲姿、微笑等基本礼仪常识进行了现场解答，并为现场BOSS的蹲姿给予评价。

涂磊接着针对刘婷婷的求职意向进行提问："你来应聘的是助理类和运营类管培生的工作，是因为原来在宝马做过实习助理相关的工作对吧？"婷婷给予肯定。涂磊又问她具体想做哪种助理，是行政助理、秘书还是业务助理时，婷婷称她倾向于行政或者是业务方面的。

涂磊
非你莫属总面试官
著名主持人、情感
导师、媒体评论人

段东："在工作经历里面，你提到，通过参加公司的年终总结大会，领略了各位领导的主管风范。你具体讲讲对领导风范的看法，你从他们身上学到了什么东西？"

段东
新浪人力资源总监
58同城副总裁

婷婷："有一些领导是跟他的员工打成一片，他站在台上跟部门员工之间的互动比较多，这种就属于非常有激情的领导，上下级关系特别融洽；还有的领导是比较严肃的，非常威严，在员工心目中就是一个权威，比如像段总这样的领导，让人有一种仰望的感觉，所以我觉得不同的领导有不同的风格。"涂磊问她喜欢哪种类型的领导，他说喜欢段总和沈总（沈东军）两种类型的。这两位风格截然不同，段总比较严谨，而沈总亲和力比较强。

段东："做业务助理需要关注领导擅长的地方和不擅长的地方，因为没有一个领导是360度、什么都知道的完人，所以说，你作为两位风格不同的领导的助理，你觉得，他们在工作上需要你具备什么样的能力去补充他们不足的地方？"

沈东军
乐朗酒庄庄主，中国珠宝首饰协会副会长

婷婷："我觉得如果像段总这样的领导，平时在大家心目中树立的是一种比较严肃的形象，员工们可能对他有一点敬而远之的感觉，所以在平时可以以段总的身份或者是以他的立场跟我们的员工多一些互动，促进上下级之间的和谐，帮他做好人情；像沈总这样的领导可能平时跟员工非常容易打成一片，但是有可能会缺少在员工心目中的严肃感，那我觉得有时就应该帮助老板唱一下黑脸儿。"

谈到婷婷空白的恋爱经历时，陈昊说"她是白羊座、有冲劲，但不知道她有没有抗压能力，如果谈过恋爱的话为人处世方面应该会发生一些变化"。当在场的BOSS问到婷婷在校期间有没有遇到过一些人际关系上的挫折时，婷婷的回答是，她觉得自己一直都比较顺利，自己很努力也很勤奋，别人认为困难的事，自己也一定会努力把它做好。

求职结果

企业：优胜教育；薪资：8000元+/月。

刘婷婷的现场表现得到了在场所有BOSS的一致认可，因此她赢得了全场"爆灯"，这也出乎她本人的预料，这与她在校园期间的兼职经历不无关系。最终她选择了优胜教育集团，职位是集团加盟连锁事业部董事总经理的助理、总裁办的管理培训生。

对于这次面试的结果，刘婷婷感到非常满意，用她自己的话来说就是："我觉得优胜教育首先是一个教育行业，我之前对它也比较感兴趣，它提供的也是助理类或者是管培生方向的岗位，都符合我的求职意向。"

经验之谈：有备而来，机会更大

刘婷婷是英语笔译专业的硕士研究生，她的职业理想与自己所学专业并不吻合，她并不想走专业这个"独木桥"，而是想在助理、运营管培生方面发展。这与她的个人爱好和个性特长以及自己的职业理想有很大关系。

从她的介绍中我们了解到，她在本科期间做过"第四届北京国际电影节"和APEC会议期间的志愿者，通过接受礼仪培训掌握了待人接物方面的必备礼仪技巧与知识，这种经历有助于提升个人形象气质，为将来求职面试打好了基础。

在读研究生期间，婷婷有过一段在跨国公司实习的经历，通过参加公司年终总结大会，她了解了作为领导的助理应该具备的素质和能力。在BOSS提出了职业方面的问题后，婷婷的回答被主持人涂磊称为"比较老到，不那么有活力"。

这句看似调侃的话恰恰体现了婷婷已经初步具备了做助理的相应能力，具有做助理所必备的素质。用她自己的话说就是"领略了各位领导的主管风范"，对于怎样做好领导的左膀右臂，她有一套自己的理论。可以说，刘婷婷是设计能力的成功典型，并且是可圈可点，得到了现场BOSS的认可。

关于刘婷婷的实习经历以及她所获得的个人经验，在场的各位BOSS都是给予肯定的。然而，真正要为将来走向职场做好准备，除了技能和理论方面的知识一定要具备以外，还需要具有相对成熟的心理素质。一个人只有在经历了逆境和失败之后才能使自己的内心变得更加强大，具备更强的抗压能力。

刘婷婷的个人素质是各位BOSS有目共睹的，而且她得到了全场"爆灯"。刘婷婷在学生会文艺部担任过干部，校园活动的参与、组织、策划在一定程度上也为她提供了锻炼沟通能力、协调能力、组织能力、协作能力的机会。这与目标企业的运营管理岗位所需要的素质是相匹配的，应该说这样的求职者，BOSS不认可她就不正常了。

抛开专业知识，刘婷婷身上已经基本具备了与之求职相匹配的能力和素质。这些能力的获得，得益于刘婷婷在上学期间参加的各种校内外实习、实践活动，这些为她的职业形象加了分。

但刘婷婷最终获得的岗位薪资并没有达到一个突破的水平。对此，在场的BOSS给出的理由是："因为你的抗压能力我并没有测试到，不知道你在工作中承受压力的能力有多大。"可见，心理素质方面的准备工作对于求职者而言也是非常必要的。

编者语：应届生≠零经验

听说过著名的"一万小时定律"吗？成功需要一万个小时的努力，并非一蹴而就，"人们眼中的天才之所以卓越非凡，并非天资超人一等，而是付出了持续不断的努力"，没有积累和实践难求成功。

每一种工作岗位都需要求职者具备相应的素质和基础，应届毕业生虽然没有实际的工作经验，但是在面试中也应当表现出自己的培养潜质。比如，就助理类工作而言，需要具备哪些方面的能力呢？是不是只要长得漂亮就行？

做助理需要具备多方面的能力，基本的办公软件要熟练掌握，文化功底也要扎实；具备一定的执行能力和策划能力；乐观开朗的性格，善于沟通和协作，有较强的抗压能力；具有一定的幽默感和应变能力，以及其他方面的多种能力与性格特长，能够协助主管领导处理一些日常事务。助理类岗位往往对求职者的个人形象要求较高，尤其是高管助理，但是绝不是只要长相好就能够胜任的。

　　总之，应届生不等于零基础、零经验，如果我们在求职找工作时拿不出两把真刷子，仅仅靠我是应届生、没有工作经验这个理由，恐怕是站不住脚的。这就需要大学生在校期间通过参与各种实践活动，有针对性地培养自己的工作能力，从而在求职的时候可以达到目标企业、目标职位所要求的标准。

形象好，也要能力强

对于职场女性而言，拥有美好的外在形象固然是很重要的，然而，美丽往往是一把双刃剑，用好了将会对自己的职业发展非常有利，反之将会成为自己谋求发展的障碍。

职场美女靠能力还是靠漂亮？当然是靠能力。自古以来人们就对美的事物情有独钟，这是人的天性使然。坦白说，美丽的外表对职场女性的职业生涯有着意想不到的作用。

在充满硝烟的职场竞争中，就连面试场也不例外，许多男上司、男同事、男客户、男面试官通常会对自己身边的美女"另眼相看"。尽管容貌的美丽是职场女性天生的优势，但往往也会因此而备受质疑。

美女的工作能力和素质往往会被美丽的外表所遮盖，人们看到的只有她的美丽而看不到她的能力，很多人认为"美女是花瓶，好看不实用"，面试官同样也会怀疑她们的工作能力。即便在真正的职场工作中，恐怕也难以阻挡某些人对她们的偏见。

按照这个逻辑的话，长得漂亮的都只是花瓶，那么长得丑的都很聪明能干吗？显然这是没有道理的。

为什么会有这种偏见呢？现实中的确有些长得漂亮的人靠脸吃饭，

而且有某些职业的确对外在形象要求比较高，像模特、演员等，但不能一概而论。而且对外在形象要求高的职业也是要讲实力的。

笔者以为，美丽的外表是职场女性的一种优势，即便存在某种偏见，也只不过是羡慕嫉妒恨而已。但问题是你自己对这件事怎么看，是自恃美丽、忘乎所以呢？还是低调处事、保持清醒的头脑呢？

可以说，长得漂亮对个人的成就不可能起到很重要的作用，越是长得漂亮的女孩越应该严格要求自己。在求职面试中怎样把这个先天的优势利用好，又不让大家觉得自己是花瓶，是让自己摆脱质疑、得到认可的关键。

成功离不开实践和积累，如果只是长得漂亮，而没有什么能力，是成不了什么大器的。不管将来进入哪种行业、从事哪种职业，也不管是进入到什么性质的企业，大型、中型还是小型，无论性别，无论美丑，要想在职场中求得长远的发展能力肯定是第一位的。

企业需要的是忠于职守、乐于创新、勤奋好学、团结合作的员工。一个成功的职场美女应该做到才貌兼备、德艺双修。

非你莫属——求职故事再现

求职者姓名：赵一阳

节目时间：2014年8月25日

最高学历：大专

就读院校：辽宁金融职业学院，金融管理专业

求职意向：助理类，管培生

赵一阳，是辽宁金融职业学院金融管理专业的应届毕业生。在校期间曾一直担任学校的街舞社团社长和外联部部长。另外，也参加过许多校外或校园兼职，在这里希望能求得一份关于营销方面的管培生或者助

理类的职位。

一阳是一个面目清秀的女孩儿，长得俊，但行事很低调。推荐人徐睿给她的评价是"招人喜欢""非常质朴""非常靠谱"。在读书的过程当中她有众多的追求者，尽管喜欢她的人很多，但是她非常质朴，在大学实习期间经常从事的是一些像卖手机壳、做米线店店员这样的基层工作。

涂磊："我认为但凡是拥有众多追求者的女性，还能保持低调做事的心态的话，是非常难得的。因为有一些女人稍微有了点儿姿色就不得了。"

按照一阳简历上谈到的多才多艺的事儿，涂磊："这上面写着你参加好多选秀活动，而且擅长英文歌曲，怎么这么喜欢参加选秀啊？"

一阳："因为我天生就比较喜欢唱歌，喜欢艺术方面，因为我性格特别开朗，特别热情，什么事儿都敢尝试，很能闯。"

冯轶问她："既然你这么喜欢唱歌，也参加了很多选秀节目，包括你之前在咖啡厅驻唱也能够拿到一个月15000元的高薪，那你有没有考虑从事音乐这样的职业呢？"

一阳解释说15000元不是一个月的工资，而是全部累积起来的。她说："我把我的音乐当作一个兴趣爱好培养，因为如果想从事音乐的话我觉得很艰难，而且父母也不太愿意让我从事音乐这个工作。"

> **冯轶**
> 优曼集团董事长兼
> CEO

陈昊："还有就是你的首选是服务行业，是餐饮方面的服务行业对吧？你一个非常喜欢台前这种光鲜感觉、喜欢别人喝彩的人，你是什么初衷？"一阳肯定了自己从事餐饮服务行业的初衷："我觉得自己适合做服务行业，我想服务就是先要以顾客为主，以自

> **陈昊**
> 优胜教育集团董
> 事长

己的真诚微笑面对大家。"

陈昊追问："那你会不会觉得服务型工作人员的社会地位会有一些问题呢？你要知道在餐厅里即使做到经理你也是要服务客户的，其实你也需要端茶倒水的。"

一阳认为服务行业不只是服务员，但面对刁钻的问题，她显然没有想好怎么回答。涂磊说："其实你用一句话就可以回答他，在台前享受灯光的同时台后为什么不能服务于大众呢？因为风光的背后不是沧桑就是肮脏，可以选择沧桑未必要选择肮脏。"这句话同时是对一阳的提醒，但陈昊认为她自己没有想到这一层。

谈到一阳卖手机壳的兼职经历，她讲了一件比较奇葩的事：一个男孩要把她的手机壳都买了，条件是让她把手机号码给他。一阳拒绝了，对他说："你走吧，我不会卖给你的。"这个经历可以体现出一阳在销售方面的经验和技巧，但根据接下来涂磊和陈昊的点评，似乎这件"奇葩"的事并没有给婷婷的职业能力加分。

涂磊问她："那你以后碰见别的客户也这样处理吗？你觉得有什么不妥的地方吗？"一阳说："其实我回家后深思了一下，还是有一点不太妥，其实我可以给他一个假的号码，然后把我这个壳卖出去。"涂磊对她的回答并不满意，他认为这个东西是需要机智的，这样把客户完全排除在外的话是不利于销售的。

陈昊："但是我想说的是你说你回家以后深思了一下，想了一下，可以给个假手机号，我觉得这主意更差劲儿，你这是在给自己找事儿。"对于一阳的回答，涂磊给她的评价是一个"美好而单纯的女孩儿"。

针对一阳营销管培生的求职意向，刘作虎提出了一个考验职场方面的能力的问题"你怎么把我的手机卖给陈昊？比如我们推出了一款竹子

手机你怎么卖给陈昊"，这是个好问题，其实是
看她对产品的这种敏感度。

刘作虎
一加科技创始人
兼CEO

一阳："陈昊先生，您好！您最近手中用
的手机感觉怎么样？你觉得有没有一些什么问
题啊？"陈昊说挺好的，自己已经习惯了。一阳接着介绍，这款手机轻
薄、竹面机盖、手写功能强的特点，但陈昊并不埋单，他不喜欢手机还
带壳儿，觉得带壳有点土。

刘作虎对一阳的销售技巧并不认可，认为她这方面的能力还是比较
弱的。陈昊："作为被你营销的对象，其实很不爽，因为你除了第一句
问候我以后就没我什么事儿了，一直是你在说。"这说明一阳在销售过
程中完全没有抓住客户的心理，应变不够灵活，没有打动客户。

迈尔广告的张静薇建议她在参加工作前期可以做一些销售辅助工
作，一方面学习销售，另一方面在销售过程中学习营销。在现场BOSS看
来，一阳在营销方面还有待于进一步提升。

求职结果

企业：迈尔广告；薪资：3500元+/月。

赵一阳获得了6盏灯的工作机会。

美尔目眼科：客服，提供住宿；

华商智业：销售方面的管理培训生，工作地点在北京或青岛
（提供住宿）；

迈尔广告：北京销售总监助理，提供住宿补贴；

一加手机：粉丝活动策划，工作地点在深圳，有住宿补贴；

优曼集团：市场部的管培生职位，工作地点在北京，不提供
住宿；

> 新航道：客服专员。
>
> 一阳灭掉4盏灯留下迈尔广告和美尔目眼科这两家企业，迈尔广告薪资是3500元+，美尔目眼科是4000元，最后她选择了迈尔广告，选择了销售类岗位。

经验之谈：真正的"卖点"应该是实力

从赵一阳的简历中我们可以了解到，其实她是一个务实、低调、不自恃美丽的靠谱女孩儿，她没有因为自己长得漂亮就具有一种优越感，这一点是值得肯定的。

一阳的求职意向是营销方面的管培生或者助理，这两种类型的职位实际上对个人外在形象是有一定要求的，作为一个美女，一阳具备这一形象优势。

通过她的实践经历、兼职经历也可以体现出她在学习之余注重锻炼自己的其他能力，但是对目标职位所需要的能力并没有真正掌握。在对一阳的个人经历有所了解后，优胜教育集团董事长陈昊认为一阳的卖点不是他的买点，认为她只是对自己的形象有自信，跟销售工作没什么关系。

这就回到了我们一开始讨论的关于美丽和能力的问题。一阳作为应届毕业生，专业又跟销售不沾边，校园中的一些兼职经历又没有很好地为她增值，以至于在面试中难免会受到面试官的质疑，认为她仅仅把自己的形象作为求职成功的筹码。

暂且不说这里有没有偏见的问题，我们应该考虑的是一阳为什么会遭到质疑，除了长相她还有没有其他优势，如果有为什么没有打动陈昊？这才是问题的关键。

自信源于实力。刘作虎给一阳提出营销方面的问题后，面对销售对象，她显得非常不自信。最终，一阳的销售没有得到在场各位BOSS的认可。尽管没有丰富的营销经验、尽管对产品特性

郝颖
上海韩束化妆品有
限公司总经理；
韩束品牌销售总监

不了解，但她真正欠缺的是营销策略。其实不用去纠结具体的细节，像它的分辨率、锁屏功能、手写功能等问题，这些自己编都可以，重点是找一个理由卖给陈昊。

销售不可以没有表情。涂磊说一阳在销售过程中脸上很少有笑容，全程下来，只有10%的时间脸上是有笑容的，其他90%的时间脸上都没有任何表情。郝颖也认为她在说话时没有唱歌时那种自信和激情。一阳说主要还是觉得自己有所欠缺和不足。

可以说，一阳在面试前并没有做好充分的准备，她没有很好地利用自己的长相优势，没有把形象和能力完美结合。如果不想在求职中受到面试官的质疑，不想被当成"花瓶"，那么就要拿出点真才实学来证明自己的能力。

对于一阳在面试中表现出的不自信，涂磊认为是由于"在生活当中周围的人对你都是挺温和的，没有像这样的声色厉荏的人，而且多半的追求者已经把你烘托在了一个位置，所以更多的情况下你有点不知所措"。一阳对此表示认同。说到底，一阳还是对自己的能力缺乏信心。

赵一阳在《非你莫属》的舞台顺利地找到了一份符合自己求职意向的工作，但从她在求职现场的表现来说，还是存在一些争议的。总体而言，她并没有充分展示出自己在营销方面的能力，而且犯了一个"缺少微笑"的大忌。

对于此次的求职结果，一阳也深有感触，她说："我现在真实的感受，就是整个人有一点放空，有一点蒙的状态。在才艺展示的时候很

有激情，可是问到关于职场的问题时，就会显得比较被动，这是我以后应该注意的。"所以说，一阳的求职经历给我们的提示是"形象好很重要，但还要具备与目标岗位相匹配的能力"。

编者语：真正的美丽不只是外表

美女并不会因为美而受到歧视，只有那些能力不强而仅凭美丽的外表就自我感觉良好的人才会遭到质疑。面对质疑，最好的解决途径就是自信。而自信源于实力，只有在求职前真正使自己充实起来，才能对面试官的考验应付自如。

案例中赵一阳虽然职场能力并不突出，但她不自恃美丽而是低调处事的态度得到了部分BOSS的认可，并且她在校期间的各种兼职经历也使她对自己的目标职业有了一定的了解，最终她也找到了一份满意的工作。

现实中，人们对于美女往往更加苛刻，在职场中也不例外，她们身上的缺点很容易被放大。这就要求美女注重提高自己知识、能力，增强道德品质和内在修养，力求做到表里如一、秀外慧中。长得漂亮并没有错，但当你的美貌可以真正服务于你的智慧时才是真正的美丽。

纸上谈兵，还要具备实战能力

空谈不能成为现实，面试场是需要真枪实战的。面试前准备得充分，意味着比其他竞争者有更多的机会打开职场大门。但是准备充分并不是打开职场大门的敲门砖，真正的钥匙是求职者面试中的实际表现。

正常情况下，面试前求职者都会在各方面做准备，针对面试各个环节可能遇到的问题进行"扫雷"，把可能会被问到的各种问题都准备得很充分，分析得头头是道。可以说，"纸上谈兵"的能力很强，真正到了面试场需要的是求职者"排兵布阵"的实战能力。

这种做法固然是值得表扬的，做足充分的准备是面试获得成功的必要前提。但纸上谈兵容易，空谈是不能解决实际问题的。因为在真正的面试过程中，并不是完全按照自己的设想进行的，各种情况都有可能发生，小插曲不断响起。

如果只是在面试前把简历写得非常好，把自己的各种实践、各种经历、各种能力特长都写得头头是道，真正到了面试场却不能自然、顺畅地发挥出来，那只能说你的纸上谈兵能力很强。但是"排兵布阵"的实战能力还需要具备临时调整策略的能力。

人算不如天算，计划赶不上变化。面试前的所有计划、所有设想都只是一种猜测，准备得再充分也会有百密一疏的时候。虽然在面试现场会出现各种状况，打乱自己的计划，或者由于过度紧张而大脑空白，但是求职者还是要提前设计好自己的面试脚本。因为只有准备充分才会更加有自信，只有准备充分才能灵活运用。

在面试前精心地准备肯定是很有必要的。面对阅人无数的面试官，怎样表现得自然、完美，没有刻意雕琢的痕迹，将是求职者面临的巨大挑战。在状况频发的面试过程中，单纯凭借事先准备好的答案获得面试官的认可，应该是比较冒险的。所以优秀的人在面试中要善于临场发挥，针对实际情况采取有效措施，灵活应对各种局面。

非你莫属——求职故事再现

求职者姓名：程毅强

节目时间：2015年5月10日

最高学历：大专

就读院校：石家庄医专，护理专业

求职意向：与护理专业相关的，活动策划或执行类工作

23岁的程毅强是石家庄医专护理专业的应届毕业生，今天在《非你莫属》的舞台主要是想寻求一份与护理专业相关的或者活动策划、执行类工作。

推荐人徐睿说毅强是他非常关注的一个选手，之所以对毅强特别关注，是因为他是众多求职者中少有的准备充足的典型，对于整个面试的每一个环节他准备得都特别仔细。

毅强事先为自己的面试准备好了应对方案，在自我介绍中他背的东西居然一字不差，在他的简历上还特意备注"此环节千万注意语速""切

> **徐睿**
> 主持人、《非你莫属》观察员

记，谨言慎行"。对此徐睿表示高度赞同，他说："这是个好事儿了，准备得非常充分。"

涂磊对毅强这种剧本进行了一番调侃，他说："毅强你希望今天的面试按照你所设想的'剧本'去演出是吧？"毅强说他希望"剧情"按照他所设想的去发展。

涂磊在对毅强的实践经历进行访谈时，问他："你在河北省人民医院实习期间获得哪些实习感触？"毅强讲了一个他在实习的时候第一次上手术台的小故事：他在配合主任做剖宫产手术

叶子隆
北京美尔目眼科医院董事长

过程中，由于缺乏经验，手术动作又特别快，在操作中不小心出现了一个失误。情况是在递止血钳的过程中弄掉了一个，由于止血钳在前期已经用了好几把，当时没有时间再去拿一套新的无菌器械，他就把一个卵圆钳弄开，换上一次性引流管的钳子，临时代替止血钳。

涂磊认为毅强这个应急处理是得当的，第一次上手术台表现得还算镇定。叶子隆也称赞他是一个很机灵的人，临场应变能力很强。

另外一件事是，他在血液透析室实习期间，遇到了一个12岁的小女孩，她得的是狼疮性肾炎，每天都在做透析，需要花费巨额的治疗费，但是家庭条件确实特别不好。了解到这个情况之后，他就通过网络渠道把这个小女孩的事情传播了出去，又联系了石家庄电视台，想通过媒体的推广引起更多人关注这件事。

通过这个故事体现出他的策划能力，还有爱心，得到了在场BOSS的一致认可，叶子隆评价说："这个面试过程我认为它是完美的，我看不到他的缺陷，他之前的准备、现场的发挥都很好。"

在"天生我有才"环节，毅强准备了一个普及抢救知识的互动。主持人涂磊安排现场两位BOSS唐关卓然和罗敏与他一起完成互动。在演示

人工呼吸的动作步骤时，毅强讲解得非常认真，并且还注意到示范人的感受，在这个过程中有两个细节非常值得一提：

第一个是，当他要求示范者罗敏躺在地上时，他脱下自己的衣服铺在地上，这个举动肯定不是事先设计好的，而是在那种情况下他的临时反应。第二个是在唐关卓然给罗敏做心腹复苏时他说不要做太多，因为这个在正常人身上使的话会非常难受。

这两个细节体现出毅强是一个非常细心、体贴的人，而且他很善良，在做事情的时候也非常专注，他身上具有一种现在年轻人中不可多得的品质。这也体现出毅强在求职现场能够根据实际情况临时调整策略，而不是"照搬剧本情节"。

由于毅强在台上表现得非常出色，在场的BOSS对他的期望都很高，认为他具备管理方面的才能。

程毅强给在场的各位BOSS留下的印象是为人善良、做事专注，将来应该是走管理路线的，所以虽然对他的专业并不了解，但是仍然有几位BOSS给他提供了管理类岗位，比如咖啡之翼、趣分期、优胜教育等。陈昊说："虽然你是学医的，但是我觉得你明显的特长不在这个方向，你的能力未必在那儿能发挥出来。"

但是叶子隆坚持认为程毅强一定要走医学道路，于是台上开始了一场人才争夺战，他说："其实每个人都想走进一家好的医院找到好的医生护士为他服务，今天这个小程恰恰就是那个未来的好护士，我希望你们不要把一个那么优秀的医学人才拉到你们的队伍中来，因为他可以为更多的患者服务。"

在大家争执毅强究竟该如何选择时，徐睿作为推荐人给他提出了一个建议："既然你的专业学了医疗这一行，你的第一份工作一定要找跟医疗相关的，如果发挥不了自己的特长，将来你可以再换。但如果你第一份工作选了非医疗的职业，放弃自己的专业的话，你将来会有一个小的情结和遗憾，如果目标没有实现也就没退路了。"

求职结果

企业：美尔目眼科；薪资：实习期4000元。

毅强的目标职位是与专业相关，最后为他留灯的有以下企业：

美尔目眼科：北京总院的护士（实习护士）；

咖啡之翼：营运助理（初级的管理干部岗位）；

趣分期：趣店的活动策划；

北京金约应医疗器械：宣讲会的策划专员；

优胜教育：管理培训生输出方向是市场管理。

毅强留下美尔目眼科和优胜教育这两家企业"谈钱不伤感情"，优胜教育待遇是5000元+，美尔目眼科是4000元到8000元，拿到护士上岗证书后转正。

程毅强在毕业前需要经过考试才能拿到上岗证，所以美尔目眼科的董事长叶子隆给他的薪资是实习护士的水平，拿到上岗证以后工资就是8000元。针对毅强管理方面的能力特长，叶子隆表示他以后的发展方向可以进入加盟事业部做运营，要先学会医院里最基本的东西，再去上升到一个管理层也未尝不可。

对于此次的面试结果毅强感到非常满意，他选择的企业和职位也是他的理想，他自己的原话也是先从护理这个行业开始然后逐渐走到管理层。可以说他今天的表现很成功。

经验之谈：准备充分，完美发挥

程毅强求职成功的案例给我最大的启发就是，他在面试前做了大量的准备工作，对面试过程提前做好了设计，并且发挥得非常好。

每个人在面试前都会或多或少地做一些准备，但是程毅强的准备和发挥都堪称经典。在众多的求职者中，能力强的有很多、准备充分的也不少、现场发挥好更是大有人在，程毅强的特别之处就是他把事先周密地设计和在现场完美地发挥结合得恰到好处。

徐睿说在程毅强事先准备好的方案中，他想说的、他涉及的内容全部说到了。对此徐睿给予高度评价，他认为毅强的面试准备工作做得非常到位。

做剖宫产手术时灵活应变，妥善处理好因自己的操作失误而造成的止血钳不足的问题。为小女孩做宣传的事迹体现了他的策划能力和善良品质。现场和BOSS互动更是体现出他的执行能力和做事细心、注重细节的良好素质。这些都在他的计划之内，尽管在场的BOSS知道毅强事先已经规划好了"剧本"，但是在整个面试过程中他的表现并没有让人觉得很刻意，而是感到很舒服、很自然。比如他拿衣服铺在地上那个细节非常能说明问题。这一点很重要，正如互动环节的体验者罗敏对他的评价那样，在做示范的过程中可以反映出他在处理事情方面很专注，也能表现出他的反应很灵敏、很机智，而且考虑很周全。

如果主持人有意打乱毅强的计划也并非不可能，但涂磊说因为他很善良，我不愿意打扰他，我不愿意反其道而行之，去把他的计划打乱。我如果要刻意地打破他，他肯定有很多东西算不到的。

涂磊认为程毅强之所以在面试过程中发挥得非常顺利，其实不是因为他自己算得很准，而是因为他的品质。毅强是一个注重细节、很体贴的人，他的爱心和善良打动了涂磊，也征服了现场的BOSS，他的整场表现让大家觉得很舒服。正如涂磊所说的那样，如果完全按照剧本那样要求他的话，那些人为的东西反而让人感觉不自然。

尹峰说，虽然毅强的专业是护理，但是在求职过程中他表现出一些很好的素质，有很大的发展空间，适合做活动策划、营运助理等管理方面的工作。

> **尹 峰**
> 香港国际翼咖啡美食传播有限公司董事长

最后给他留灯的几位BOSS里面除了叶子隆给他提供的是护理方面的岗位以外，其他几位都是看中了毅强专业以外的素质。他们认为毅强在未来应该是一个管理型的人才，在执行和策划方面非常有天赋，而且有爱心，将来是可以成大事的。叶子隆也非常看重他的品质和管理能力，他认为毅强应该从事医疗行业，为更多的患者服务，同时也会有机会走向管理岗位发挥自己的特长。

各位BOSS所一致认可的毅强身上体现出来的管理方面的素质，实际上就是他在面试前精心准备的"剧本"，以及在现场互动环节中的完美表现所反映出的发展潜力。最后，笔者借用《非你莫属》总面试官涂磊的一句话"我觉得这小伙子前途无量"。

编者语：人才不是"想"出来的

面试准备过程中的各种设想、各种假设、各种计划，在现场都有可能因为某些突发情况而被打破，因此，具备随机应变的能力非常重要。有计划是好事，但是临场发挥更重要，如果遇到一些小插曲打乱了自己的计划而失了分寸，那么将会给人留下照本宣科、应变能力差的印象。

　　在职场中，一切都是现在进行时，没有彩排，每天的工作无论好坏都不能重复。所以我们要学会做计划，尽量充分地为自己的工作做准备，但计划不只是空想、空谈，还要能够顺利执行。企业需要的是能够把自己的设想转化为行动，为企业创造价值的人才，显然不是听某个员工在那里空谈。所以说，在面试中能够结合现时情况，把自己的思想和行动做到完美统一，才能真正体现出准备工作的价值。

求职前先要弄清楚自己有什么

古语有云："人贵有自知之明。""自知"对于每一位社会中的人而言，都是一种非常重要的品质。面试的过程实际上是自己推销自己的过程，所以我们要清楚地了解自己是什么"人"。用一个形象的比喻来说，找工作就像摆摊卖水果，作为卖主我们首先要了解自己属于什么品种、什么口感、什么价位，等等。

认识自己首先要了解自己的文化程度和专业知识水平。求职者既不能以高学历自居，也不能因为学历不高而完全否定自己。无论学历高低都要对自己的真实水平有一个合理的评价，不能妄自菲薄，也不能夜郎自大。

另外，求职者还应对自己专业以外的其他个人能力，如学习能力、策划能力、管理能力、团队合作能力、沟通协调能力、实践能力等有所了解。在实际的招聘过程中，除了一些对专业技能和修养要求较高的行业，比如科研、设计、制造等，其他大部分行业更看中的是求职者的个人能力，这其实也是目前社会所存在的普遍价值观。

此外，求职者还需要了解自己的性格和兴趣、爱好。当前大学毕业生多是"90后"，他们的价值观已经发生了很大变化，即使自己所学的专业很容易就业，他们也可能会选择放弃专业，而是根据自己的能力特长、性格以及兴趣爱好来择业。比如，土木工程、体育、法律、英语等专业的毕业生会选择做管理或销售。性格和兴趣虽然表面上与工作能力无关，但实际上对自己在未来职场的发展影响极大。

如果想应聘销售类岗位，那么需要求职者具备偏外向型性格，还应具备良好的沟通能力和应变能力；如果想应聘技术型岗位，则需要求职者具有严谨、认真、注重细节的态度，以及扎实的专业知识和技能，等等。

了解目标企业很重要，了解自己也同样重要，因为只有知己知彼，才能百战不殆。

求职者在面试前应对自己有一个全方位的了解，只有充分了解自己，了解了企业的招聘需求和自己的能力特长，才能找准自己的职业方向和目标企业。只有认真分析自己的优势和劣势，才能在面试中有的放矢地展示自己的才华，最大限度地为自己争取到主动权，给自己面试成功增加机会，成功地把自己推销出去。

非你莫属——求职故事再现

求职者姓名：杜雯绮

节目时间：2015年5月17日

最高学历：硕士研究生

就读院校：英国利兹大学，人力资源管理专业

求职意向：英语教育类或与英语相关的其他工作

杜雯绮是海归，本科毕业于河北经贸大学经济管理学院英语专业，由于自认为英语专业就业面比较窄，所以跨专业到人力资源专业读研，就读于英国利兹大学人力资源管理专业。她的求职意向是希望能够找到

一份关于英语教育类或与英语相关的其他类型的工作。

推荐人慕岩，对杜雯绮的评价是：个人经历比较简单，特别喜欢英语，做过雅思英语老师，想在北京找一个更靠谱的工作。

在第一轮面试中，BOSS针对杜雯绮的爱情经历进行了访谈，大家并没有通过她的描述看到她的工作能力，在场的BOSS认为雯绮此次是来"裸聘"。BOSS们真正关心的是她在专业知识和工作能力方面的表现。

对此，陈昊调侃说："我们是职场小白，我们只有这段美丽的爱情。"实际上，这表现了雯绮对自己的能力、特长并不了解。作为一个英国利兹大学毕业的硕士研究生，雯绮对自己的专业能力并不认可，对自己其他方面的特长也不甚了解，所以面对质疑，她不知道如何推销自己。

郝颖："你想要做跟英语相关的工作，比如人力资源、公关类或者英语培训类的工作，你有什么能力能够胜任这些工作呢？"这个问题实际上是想帮助她发觉自己的优势，但是她的回答并没有抓住重点。

雯绮谈了自己回国后两个月的无薪打工经历，最后总结出自己具有学习能力和吃苦耐劳的精神。陈昊提醒她说："这些都是无法进行现场考核的，只是个人基本素质的体现，无法体现个人能力。"

郝颖："你在利兹大学学的是人力资源，但是从你上来一直到现在我没有看到你的相关专业能力，比如人力资源方面的识人能力、交流能力、解决问题的能力等。"段东又补充说："你今天应聘的岗位也没有人力资源的岗位，利兹大学应该是不错的大学。"各位BOSS对于雯绮放弃自己的人力资源专业方面的求职意向感到不能理解。

涂磊："为什么不考虑人力资源管理方面的工作，在英国学习这一年谈恋爱了吗，现在找工作跟专业一点关系都没有，不觉得可惜吗？"雯绮说因为她在利兹大学学的专业知识都是研究方向的，跟实践关系不太大。

涂磊问她："你对这一年的专业学习完全不感兴趣,你当初选错专业了吗?"雯绮对此表示肯定。可以说,她在读研期间并没有对自己的专业能力进行过针对性锻炼,换句话说,她并没有看清楚自己的特长和优势在哪儿。

求职结果

企业:Blued;薪资:8000元/月。

杜雯绮最后获得了3家企业留灯。

Blued:国际市场团队的运营专员,工作地点在北京,经常去英国;

金约应医疗器械:卓然学校中美合作的独家课程研发团队公关专员,地点在北京,经常出差去美国;

优胜教育:加盟连锁事业部的一个运营专员,少年派的助教,有机会转为管理培训生。

经过考虑后杜雯绮留下唐关卓然和耿乐,金约应的待遇是5000元+,Blued是6000元转正8000元,最后她选择了Blued。提供的是国际市场团队的运营专员岗位,对于此次求职结果雯绮也比较满意,她觉得在那边有比较大的上升空间,薪资也比较满意。

经验之谈:认识自己,不做最白的小白

雯绮在求职现场的表现可以用优胜教育集团陈昊的一句话来概括:"最白的小白。"作为一个名校海归硕士,雯绮对自己的专业能力并不自信,这的确让人觉得可惜。是她真的没有能力,还是对自己缺乏了解过低地评价了自己呢？

在"天生我有才"环节，通过解读她的PPT，我们发现雯绮在现实生活中是非常活泼开朗的，而且也是多才多艺的，不仅会跳民族舞蹈、会演讲，还喜欢参加各种校园活动。但是在求职现场她的表现显得有些苍白，既没有表现出专业优势，也没有突出性格优势，能力方面更"白"。

在节目一开始，杜雯绮上场前，谈到她自己当时选择去英国读人力资源硕士的原因是："如果说只学英语的话，到毕业的时候可能就业面会比较窄一点，所以我从英语专业跨到人力资源管理，并且取得了不错的成绩。我希望现在从基层管理方向入手，在未来的两年进入一个中等的管理层。"

从专业上来说，人力资源管理和英语对于她要应聘的岗位来说是很有优势的，再加上英国留学的背景，选择从管理方面开始发展自己的职业生涯无疑是一个明智的选择。但是BOSS问她有关人力资源方面的能力和就业意向时，她的回答却与自己的初衷非常矛盾。她说自己选错了专业，对人力资源并不感兴趣，想放弃自己的专业。并且她认为自己在学校学的都是研究方面的理论知识，跟实践没有关系。

可见，杜雯绮对自己的优势并不了解，她不知道该怎样回答BOSS的问题，也不知道自己的竞争力在哪儿。对于自己的专业，她认为这只是理论研究，与职场需要的人力资源管理能力有着很大差距。于是现场BOSS对她的回答非常不理解，认为她在校期间学习并不扎实。

她给自己定的目标是做英语教育和与英语有关的其他工作，但是由于紧张没有表演好英语演讲，对她的英语水平打了折扣。在管理方面的优势，比如沟通能力、策划能力、性格特长等，也没有很好地表现出来。

一方面她放弃了自己的专业优势，另一方面又没有表现好自己的英语水平，所以说，雯绮的表现太"白"了。她没有把自己的亮点表现出来，没有充分利用好自己的优势。就像陈昊所说的那样："像你家教这么好，又有利兹大学留学的背景，其实你今天但凡表现再稍微好一点，一定给你管培生的岗位，但就是因为表现得太一般了。"

综合求职过程中杜雯绮的表现以及各位BOSS的点评，在她身上笔者总结出以下几点"不自知"的表现：

首先，她没有发现自己的留学背景优势。对于一些在海外尤其是英美国家有业务拓展需要的企业来说，她的这种出国求学经历以及她对当地人文环境的了解，都是非常好的优势。

其次，如果把英语专业和人力资源管理专业二者结合起来，从基层管理者方向开始发展应该会有很大的潜力。由于她在面试前没有充分认识到自己的优势，导致在面试过程中无法有针对性地推销自己，无法把自己的特长展示给大家。

此外，杜雯绮在面试中也没有充分发挥自己的性格优势，当她的专业成绩受到质疑时，雯绮整个人被打蔫了，使自己的性格优势也被掩盖了。本来活泼开朗、积极向上的一个人，变得完全没有激情了。最后给各位BOSS和主持人留下学习不扎实的印象。比如，她在英语演讲时一点激情也没有，水平完全像一个英语小白，虽然在准备的时候是带有表情、带有手势的，但是由于情绪低落，没有抓住机会去表现自己的特长。

编者语：不自知，会掩盖自己的真实面目

在面试过程中要想成功地推销自己，应该尽可能地表现自己与目标职位相匹配的能力、特长，但是雯绮的求职表现没有让大家看到她的能力和优势。对于大部分应届毕业生来说，在面试中不能充分表现自己的优势，虽然和缺乏校园实践经历有关，没有真正进入过职场，也没有真正在企业做过兼职，但是笔者认为关键原因在于对自己不了解。

"知人者智，自知者明"，人只有对自己有了正确的评价，才能在与人相处时找到自己的角色定位。对于即将迈向职场的大学生，以及其他一切正在面临就业和重新择业的社会人士，只有正确地评价自己、认真地审视自己、充分地了解自己，才能真正把握住自己未来的职业发展方向。也就是说，要在面试前做好自我盘点，弄明白自己的优势和劣势，面试中要善于表现自己的优势，掩盖自己的劣势。

做个好侦探，了解目标企业的信息

　　求职者在面试前一定要认真做好准备工作，这一点我们已经强调过了。除了对自己的个人素质、个人能力、个性特长、兴趣爱好、专业知识等进行充分了解之外，还有一项更为重要的任务，就是了解目标企业的相关信息。"知己知彼，百战不殆"，这句我国古代流传下来的军事名言，同样适用于求职面试的场合。

　　求职者在面试前应事先对目标企业的各方面信息有所了解，然后根据该企业的招聘计划、职位需要等相关信息有针对性地开展准备工作。了解目标企业，将有助于增强求职者的自信心，在面试中以良好的心态应对面试官的考核，从而增加自己求职成功的机会。比如，了解企业的面试官个人信息，了解他们的个人喜好和习惯，针对他们关注的某些问题认真准备好应对方案，投其所好；了解目标企业的招聘需求，适当调整自己的简历，把企业关注的重点内容在简历中突出地显示出来，从而引起面试官的注意。

　　此外，求职者还需要全面了解目标企业各方面信息，掌握来自企业的顾客、员工、供应商等不同渠道的评价，对企业的正面和负面新闻都要有所了解，并且要有自己的判断；了解目标企业的发展状况，对企业

的发展战略和规划有一定的认识，能够针对企业的发展方向提出自己的
建议和设想，等等。

很多人力资源经理或职业经理人，都比较喜欢求职者主动向自己
的企业表示关注。如果在招聘时遇到一个对自己的企业非常了解的求职
者时，他们会感觉到这位求职者对自己和企业的尊重；同样也会感受到
求职者做事很用心，准备很充分，这也可以表现出求职者认真负责的态
度。只有对自己负责任的员工，才能对企业和工作岗位负责，因此，这
种求职者更容易受到面试官的青睐。

非你莫属——求职故事再现

（一）

求职者姓名：张蒙

节目时间：2015年6月1日

最高学历：本科

就读院校：吉林工商学院，英语专业

求职意向：管培生

张蒙是吉林工商学院英语专业应届毕业生，她是一个很有才气的姑
娘，也是一个非常认真、非常细心的求职者。张蒙以一首包含《非你莫
属》开播以来，BOSS团数家招聘企业和评委老师姓名的诗歌朗诵出场，
赢得了BOSS团、主持人以及现场观众的关注。

从2010～2015年，天津卫视《非你莫属》：

"没有逆飞之翼，难越隐隐清峰；

没有劲波助浪，难抵神奇之城；

一路播种，一路增华，户外之乐，乐享天涯；

以此百合聚美，歆慕你的容颜；

眉如叶子，清新美目；东方君子，国礼商儒；

法国的庄园酿着葡萄酒香，优曼的家纺编织着一人的梦；

相聚有时，来去有期；

许下的情怀，相依的家居，还有孩子的优胜教育集团；

这世间的美好，如无佳勇，弗能胜之。

2015新的征途，相信自己，非你莫属！"

除了诗歌，张蒙还对她一直比较关注的企业趣分期在业务拓展方面存在的问题提出了自己的一些建议：

首先是在客户方面，张蒙认为趣分期的售后服务不完备。她说："既然客户信任我们的网站来购买我们的产品了，我们就有责任、有义务来引导他们正确地消费，为了解决他们生活方面的难题我们可以给他推荐一些兼职，比如58同城和pvgo等不错的兼职。"另外，在业务推广方面张蒙也有自己的一些建议，她认为趣分期的签单员最好不要是全职，学生兼职推广最好，还可以通过举办活动的方式进行推广。

针对张蒙的建议，58同城的段东提出疑问："既然你说兼职很容易，为什么趣分期还要用全职？"张蒙说她认为趣分期之所以这样安排是因为他们觉得全职签单员会把更多的精力和时间放到工作上。

TaTa UFO郑玹宇：他们的模式跟产品有关系，趣分期是贷款，牵扯法律问题，没办法通过兼职方式解决问题，这关系到信用问题。段东对郑玹宇的看法非常认同，他说：签单员是帮助公司确认学生信用的，如果作为兼职的话不太好明确责任。

> **郑玹宇**
> TaTa UFO创始人

陈昊："签单员作为全职员工，这是防止内部贪污的最简单方法，他解决了三防监控问题，他们靠校园代理起家，不会不知道价值在哪儿。作为经营者，他不会不考虑这个问题。"

求职结果

企业：美尔目眼科；薪资：8000元/月。

张蒙在《非你莫属》的求职现场得到了爆灯的结果，12盏灯全亮，并且如愿地获得了一份满意的工作，她选择了美尔目眼科医院管培生的工作岗位，叶总给她定的输出方向是加盟经理或运营经理。虽然自己喜欢的企业趣分期的罗总不在现场，但是节目中她对趣分期提出的一些建议也让在座的BOSS看到她身上这种管理潜质，最终获得了大家的一致认可。

（二）

求职者姓名：李晶（退伍军人）

节目时间：2015年12月14日

最高学历：大专

就读院校：河北师范大学，房地产经营与股价专业

求职意向：运营方向管培生、助理类

李晶和张蒙的求职经历有相似之处，她们都针对目标企业的业务拓展方面提出了个人建议。下面是她对一些企业提出的"个人小想法"：

咖啡之翼——低热量食品系列：现在人们关注健康，让大家放心地饮用。

尹峰："现在小白领非常需要，我们正在推养颜健康瘦身的早餐加午餐。"

优胜教育——增加理财课堂：现在孩子的压岁钱很多，每年几万甚

至更多，培养孩子财商，可以树立他们正确的人生观，我们可以根据不同年龄段的孩子开设不同的财商课程。

陈昊："我觉得特别有必要。"

通灵珠宝——买首饰葡萄酒打折，买葡萄酒首饰打折，双向推广，联盟促销，可以根据买的多少计算出打折的比例，确保利润不受影响。

Pvgo——开设Pvgo六个月无息贷款：第一学期无压力地找工作或加入Pvgo兼职平台，就不至于陷入信用卡陷阱。

> **杨盼**
> 煜隆集团合伙人/
> 副总裁

刘佳勇：利息谁来负担？李晶回答："作为一个推广费，把这些借贷者吸引到兼职队伍中。"Pvgo给他们无息贷款，让他们去代理我们的产品，再用赚的钱还我们的本金。"

求职结果

企业：煜隆集团薪资：7000元+/月。

李晶的表现得到了BOSS团的高度认可，有人直接说"这个孩子我喜欢"。最终她获得了11盏灯，她选择了煜隆集团总经理助理的岗位。李晶说跟12位老板进行面对面交流感觉自己收获很大，一定不会辜负大家的期望。

经验之谈：关注企业发展

在第一个案例中，节目一开始，张蒙就朗诵了一首自己编创的诗歌，其中涵盖了《非你莫属》开播以来的各位BOSS姓名和招聘企业的名称，这不仅是对个人才华的展示，同样也是在用一种很有说服力的方法去表达自己对求职、对企业、对各位BOSS的关注。抛开诗歌本身而言，张蒙如此用心地对待招聘企业和BOSS团成员，也是能够为自己的求职形象加分的。

每个人都希望被关注，BOSS也不例外，在求职现场，各家企业、各位老板不仅是在招聘，同时也在展示自己的风采。如果求职者能够体现出对自己的企业以及自己本人关注的话，BOSS肯定会对这位求职者产生很好的第一印象。

另外，张蒙对自己比较关注的企业的发展也做出了自己的一些分析，她对趣分期在业务拓展和售后方面提了一些建议，其中关于趣分期APP链接一个兼职平台的建议，得到了在场BOSS的认可。慕岩说这个点子不错，趣分期一方面借钱给学生，一方面可以帮他们提供兼职机会，让大家可以去挣钱，而且在学校跟客户端非常接近。

张蒙提出的关于趣分期在业务推广方面的建议，各位BOSS认为趣分期作为一个靠校园推广起家的企业，对于全职签单员对企业的责任和价值有着自己的理解和考虑，并不像张蒙所猜想的，只是为了让全职签单员"把更多的精力和时间放到工作上"那么简单。

虽然BOSS团对张蒙的第二个建议并不认可，但是张蒙对企业发展的关注，以及她善于思考和规划的特质还是得到了大家的认可。正如节目总面试官涂磊所说：对这样一个没有太多经历的女生，我们更多的是看她的素质，而她的素质已经展现出来了。最终，张蒙获得了12位BOSS的一致认可，全场爆灯。

> **韩 虎**
> 虎跃营销总经理

在第二个案例中，BOSS团对李晶的创意也非常赞赏，韩虎评价她很会策划；咖啡之翼也认

> **NINA**
> 一嗨租车副总裁

为她非常具有产品组合策略。作为一个几乎没有什么职场经验和销售体验的职场小白，李晶能想到这么好的创意，令在座的BOSS都很惊讶。NINA问李晶："为什么你能想到这么接地气的点子？"她说："我的脑子从来没有停止过思考，就连在吃饭时也会考虑客流量、利润，等等。"这种策划能力不一定是学校培养出来的，最重要的是她对目标企业提出的策划方案非常接地气，这说明李晶对这几家企业的产品和运营是有着十分详细了解的。

编者语：知己知彼，有的放矢

张蒙是《非你莫属》求职舞台上为数不多的爆灯者之一，在走向这个舞台之前，她已经对现场的12家招聘企业一级BOSS团的几位评委老师进行了比较详细的了解。如果要分析她的成功经验的话，笔者认为她是一个对目标企业了解比较充分的典型案例之一，她的求职成功与自己事先对目标企业及各位BOSS的了解不无关系。

同样，李晶也是一个准备非常充分的求职者，她和张蒙的职场经历同样简单，现场表现内容也很单纯，但是她们表现出了作为一名应届毕业生应有的素质，让大家看到了她们的潜质。她们的求职经历正好印证了我们前面提出的观点：知己知彼，百战不殆。只有很好地了解对方，了解企业，针对企业需求展示自己的才华，才能被面试官发现。

在现实招聘中，有很多求职者都是"裸聘"，既不知道自己有什么特长，也不了解企业的需求，就拿着一份毫无亮点的简历前来应聘，试问这类求职者的竞争力何在？古人云："不知彼，不知己，每战必殆。"恐怕这将是裸聘者要面对的结果。

准备一份好的简历很重要

　　简历是在应聘过程中最先给面试官留下深刻印象的"推荐信"，是自己营销自己的第一步。对于求职者而言，一份好的简历是帮助他们打开成功大门的一把宝剑，能否充分利用好这把宝剑，发挥它的最大威力，决定了求职者能否成功地通过简历筛选，进入面试环节。因此制作一份"有看点"的简历，是每一位求职者面试前必须认真准备的一项工作。

　　求职者要想写好一份简历需要花费一番心思，而不是简单地罗列自己的学习经历和工作经历。求职者在写简历时首先应当根据目标企业的招聘需求分析自己的个人条件，结合自己的个人能力特长填写简历，突出自己能够符合企业需求的某一方面特长或学习、工作经历。

　　另外，在介绍自己的个人经历时应做到言简意赅，抓住重点。介绍自己的优点时要挖掘出它与工作岗位的契合点，让面试官看到自己的实力；介绍自己的缺点时最好不要提到自己品质方面的缺点，也不要提到自己价值观方面的缺点，尽量避免对自己不利的因素。可以说些仁者见仁、智者见智的个人习惯或特点，比如特立独行、固执、注重细节、钻牛角尖，等等。

如果求职者事先对面试官个人信息有足够了解的话，还可以针对他们所关注的问题而精心准备简历，从而能够使简历起到包装和推荐自己的作用。有些求职者在找工作时过于草率地对待自己的简历，或者随意罗列个人经历，语言烦琐累赘，没有重点，无法展示出自己的亮点和竞争力；或者寥寥数语，太过简单，给招聘方留下极为不认真的印象。

此外，填写简历时可以适当地夸奖自己，对自己的优点可以增加一些笔墨渲染，但是也要讲究分寸，不要过分地夸大，否则可能会给面试官留下不诚实的印象。

非你莫属：求职案例再现

求职者姓名：李亚峰

节目时间：2014年3月17日

最高学历：本科

就读院校：海南大学，农学专业

求职意向：实习岗位，CEO助理

2015年3月份，《非你莫属》节目组针对目前饱受争议的"90后"求职群体开展了一期为他们量身打造的求职真人秀——"90后"北漂求职季，挑选来自全国各地不同家庭背景的6位北漂少年，第一次全方位、全视角、全程拍摄"90后"群体闯荡北京历练职场全过程。本期节目旨在给"90后"群体创造一个契机，使他们充分展示自己的能力，通过真实的求职体验和学习，使他们以全新的面貌迎接职场考验。

按照节目规则，6位求职者要接受5天北漂职场生存考验，除生活必需品外，每人只能保留200元现金，而且不能依靠任何外力。每天都有5家《非你莫属》节目的招聘单位为他们提供实习岗位，这意味着他们6个人要竞争5个岗位，充满挑战和压力。

在最后一天，李亚峰和伙伴本来商量好要去同一家公司面试，但是中途想到自己的初衷，还是决定独自去聚美优品参加面试，此次他要应聘的实习岗位是聚美优品CEO助理。

在聚美优品，他顺利地通过了第一轮面试，令他没有想到的是第二轮面试由自己仰望已久的河马哥——刘惠璞亲自面试。在紧张和兴奋之余，他还特意补充了一下自己的工作经历，增加了一条工作经历。

当刘惠璞问他为什么在他的简历中描述的三个工作经历不是按照时间顺序来写的时，李亚峰说："我上来应聘的时候以为是第一轮面试就写得简单点，但是我知道您亲自要来，我就想增加一些阅历。"刘惠璞又追问："你不想写这个职位的原因是什么？"他说当时去做兼职的时候还小，而且只是个销售员，干的时间不是太长。他觉得自己收获不是很大，所以没有写到简历中。

> 刘惠璞
> 聚美优品高级副总裁

刘惠璞说："其实这个地方是你今天干得最漂亮的一件事情。虽然美的集团这个职位没给你带来多大业绩，但你把它写上去了，你可以完全说，因为你知道河马哥是搞销售的，填上这个职位以后我觉得会给自己加分。但是你说这是你临时加上去的，这个工作又没有什么收获，说明你很诚实，但这是给你减分的，以后在面试中要注意这个情况。"

最后，刘惠璞对李亚峰的评价是"诚实有余，应变不足"，他认为这是李亚峰在今后需要加强的地方。

经验之谈：临时补充简历是一件很漂亮的事

李亚峰在5天职场体验期间，去过几家不同的公司应聘，聚美优品的这次面试虽然没有成功但收获颇多，在面试过程中河马哥给他上了宝贵的一课，尤其是对他的求职简历进行了详细点评，对他今后的求职非常有帮助。

河马哥刘惠璞对李亚峰在简历中增加工作经历的做法非常赞同，他说这个细节是李亚峰今天干得最漂亮的一件事情。简历对于求助者成功地推销自己有着非常重要的作用，如果在求职中呈现给面试官一份能够证明自己能力、有说服力的简历的话，将会对自己的语言表达起到重要的补充作用。虽然美的集团这个职位没给李亚峰带来多大业绩，但他这段经历写上去可以引起刘惠璞对他的进一步关注，因为河马哥是搞销售的，非常有利于给他的面试加分。

刘惠璞认为，李亚峰临时根据他的到来及时调整简历内容是非常好的事情，是值得鼓励的，这是求职者应变能力的体现。但是李亚峰并没有抓住机会，他说这是临时加上去的，在此期间并没有什么收获，虽然这表现出他很诚实，但是却给自己减分了。

虽然刘惠璞对他的回答并不满意，但是李亚峰的坦诚和质朴仍然受到了河马哥的赞赏，而且对于李亚峰临时补充简历的做法他也非常满意。这就说明，作为一名面试官，刘惠璞对于求职者的简历是非常重视的，在他看来，有针对性地填写、调整简历内容是有助于在面试中给自己的表现加分的。

编者语：准备简历要投其所好

在求职面试时，准备一份完备、精练、重点突出、亮点明确的简历对于求职者来说至关重要。这既是求职者自我营销能力的完美体现，也有助于求职者的面试顺利进行。有针对性地突出自己的优势和特长，有助于自己给面试官留下良好的印象。

　　笔者认为，求职者在面试前准备简历要结合自己的能力特长和目标企业的招聘需求，有针对性地填写各种学习、工作经历，层次分明地突出自己的亮点和优势，引导面试官发掘自己的工作潜力，从而能够增加自己成功的概率。

　　当然，求职成功的关键是现场发挥的效果，但是一份优秀的简历绝对可以为求职成功奠定一个良好的开端，可以起到事半功倍的作用。准备简历要做到投其所好，不仅要满足招聘企业的需求，还要符合面试官的口味，最重要的是做到让面试官"好看"，在众多的求职者中，怎样让他对你"一见钟情"，这决定了你能否顺利得到面试机会。

面试前也要精心打扮自己

"人不可貌相，海水不可斗量。" 评价一个人的能力和素质当然不能仅凭他的穿着打扮和长相好坏，但是在当代社会，礼仪绝对是现代社会交往中不可或缺的一部分。在社会交往过程中，个人的穿着打扮、言行举止、气质风度、一颦一笑，无一不在影响着一个人的形象。

面试的过程是求职者向招聘单位和面试官推荐和营销自己的过程，面试官就是自己的客户，面对客户一定要做到彬彬有礼。面试礼仪对于求职成功非常重要，它体现出一个求职者对面试这件事的重视程度和对招聘企业的尊重程度。面试过程是没有彩排的，每个人的面试都只有一次机会，所以求职者要特别注意自己的个人形象，在参加面试前应当了解面试礼仪的有关知识和技巧：

求职者在参加面试时，应尽量为自己选择一套合适的衣服，最好是职业装，也可以根据自己应聘岗位的性质来选择适当风格的服装。总体而言应讲究得体、大方。大学毕业生在刚刚走出校园时并没有自食其力，经济压力固然存在，尽管如此，在面试中还是很有必要为自己准备一身符合自己身份的行头。

如果因为经济压力而穿着随意的话，并不是很有说服力，因为求职者可以通过各种渠道为自己准备服装，比如请同学或朋友帮忙等。在正式场合穿得正式、讲究，对于提升自己的个人形象气质非常有帮助。在面试中穿着正式也有助于给面试官留下良好的第一印象。

在面试中，求职者表现自己的能力特长主要是通过语言表达和行为举止，面试官判断选手是否符合要求也是通过"看"和"听"这两种途径。选手在面试现场的表现除了与仪表、仪容等外在形象有很大关系外，还有语言、表情和动作。

所以，在面试过程中，求职者无论行走站立还是言谈欢笑都要注意分寸，时刻注意保持自己的形象，保持端庄的姿态，面带笑容、精神饱满，尽量避免不必要的动作。自我介绍时应做到谨言慎行，要客观公正地评价自己，既不要不切实际地夸大自我，也不要自惭形秽。

当面试官向你提问时，应该注视对方并通过点头示意等方式表示自己在认真地倾听，还要注意不要在面试官还没说完时就开始插话，这样很不礼貌，而且显得不够稳重。应答时要表现得从容淡定，有问必答。同时，也要坦诚面对自身的缺点，表现出真实的自我，让面试官感受到自己的诚意。

求职者在参加面试前除了要在心理上做好准备，对个人的外在形象也应精心修饰一番，包括学习言谈举止方面的礼仪知识。对于求职者而言，个人形象的好坏将直接影响求职成功的概率。总之，求职者的言行举止都要大方得体，给面试官留下自信乐观、积极向上、谦卑有礼的印象。

非你莫属——求职故事再现

求职者姓名：李亚峰

节目时间：2014年3月23日

最高学历：本科

就读院校：海南大学，农学专业

求职意向：销售类或者是管理类

在上一篇文章中我们已经知晓李亚峰的求职经历，他在去聚美优品参加面试的时候在简历上补充内容的举动得到了河马哥的赞赏。在这之前还有一个细节，是关于面试礼仪方面的，在此我们继续借这个案例来进行分析。

刘惠璞对他当天的穿着表示质疑，问他："你了解要应聘的职位吗？我不知道你有没有意识到今天你来应聘的时候你穿的衣服。陈欧每天都有很多接待，你觉得你的穿着能应对这种接待

陈 欧
聚美优品CEO/创始人

吗？"李亚峰说知道自己的穿着不合适，因为自己刚来北京身上没钱。对此，河马哥表示可以理解，毕竟现实情况也是如此。李亚峰和其他几位求职者一起来参与"'90后'北漂求职季"这个节目，在出发之前就应该想到求职应聘时肯定要在穿着方面注意一些礼仪，但是他没有做好准备。据他所说，他刚来北京没钱所以没有合适的衣服来应聘，但是这毕竟不能成为完美的理由，因为他完全可以通过做兼职等方式为自己准备一套衣服或者通过其他途径去做准备。

虽然河马哥对李亚峰的经济压力表示可以理解，但是事先没有做好充分准备是不可否认的事实，这对李亚峰那天的面试形象的确造成了一定的影响。

经过5天的北漂求职体验后，2015年3月23日李亚峰和小伙伴们终于可以正式登上《非你莫属》的舞台参加真正的面试。此次面试，李亚峰的外在形象显得成熟了，在着装方面可以看出是做了准备的。面试礼仪

在仪态方面的体现，可以反映出选手的性格、气质和文化修养等深层次的特征。

在此次面试中，各位BOSS争议比较大的是李亚峰的人际关系处理方式和性格问题。但是有些细节也体现出面试礼仪方面需要关注的内容，下面结合案例对李亚峰在面试礼仪中需要注意的细节进行分析。

通过李亚峰的自我介绍，我们了解到他的求职意向是销售类或管理类岗位。沈东军："销售类一般来说是一个人去作战，对大客户，一个人为主。而管理类是要带领一个团队，那你觉得你更适合于哪一个或者在这两者当中你更倾向于哪一个？"李亚峰："我可能比较适合做单独的销售，但是我很想做管理类，因为我知道我在这方面很欠缺，我很想锻炼自己，其实这是需要一个过程的。"通过5天的求职体验，在和小伙伴相处的过程中，李亚峰发现了自己在处理人际关系方面存在的一些欠缺，所以他认为自己更适合做单独的销售。

姚劲波："亚峰，你觉得自己通过做'58帮帮'这份工作有什么得失？这一天你学到什么东西？"李亚峰："第一，跟我的小伙伴沟通的时候有点强势，让他们很不舒服；第二，在工作过

> **姚劲波**
> 58同城总裁兼CEO

程中比较急躁，就像我的指导老师说的那样，我的性格属于偏直型。当他给我分配一个任务的时候我想都没想，立马就去执行，也没有考虑到这个任务是不是可以完成。"

李亚峰在思凯乐实习的一天中，也同样听到来自同事的一些意见，曾花说在人际关系上不是他的强项，在执行工作任务时没有妥善处理好与同事之间的关系。

通过李亚峰的回答可以看出，他自己认为在和小伙伴相处的时候过于强势，没有处理好与同事之间的关系。段东："其实，我们在第一个

环节'无领导小组讨论'的时候亚峰是在6个选手里面得分最高的,之所以排第一是因为在这个面试环节他首先承接了带领大家讨论的一个角色,但是在讨论过程中显得过于急躁,急于表现自己,而没有征求其他成员的意见,我觉得这是一个瑕疵。"

无领导小组讨论是采用情景模拟的方式对一定数目的考生进行集体面试,要求选手在一定时间内针对某一工作问题进行讨论,在整个过程中不指定每个成员的位置和小组领导,由他们自行安排。面试官不参与任何讨论,通过旁观的方式观察每一位选手在集体中的发挥,考察他们各方面的能力和素质,比如口头表达能力、组织协调能力等,对每个选手的能力进行综合评价。

在当天的面试中,段冬给他们6个人出的题目是推广58APP产品,在10分钟的无领导小组讨论后选出一个发言人给出一个答案。李亚峰主动站到了组织者的位置上,安排几位选手的位置,安排做记录人员和发言总结人员,在这个过程中他没有考虑其他选手的意见,因此让大家对他产生了意见。

陈昊:"我觉得这是你的性格原因导致的。我是觉得你可能从骨子里透出来还是比较自负的那种,所以你一再出现了人际关系上的问题,沟通上的一些问题。今天你在舞台上说话时还是比较自负的。"

虽然戴科彬、尹峰等其他BOSS认为李亚峰的这种"自负"是"90后"年轻人的特点,在以后的工作中是可以得到正面引导的,但是由于他的"自负"引发了后面关于"不合群"的争吵。根据徐睿的描述,总结他在前5天中的表现,大家对他的工作能力还是存在一些争议的。

"细节决定成败",不无道理,如果李亚峰在面试中多注意一些面试礼仪,不让面试官抓住把柄的话也许会避免一些麻烦。

求职结果

企业：通灵珠宝薪资：5000元+/月。

还有5家企业留灯。

58同城：房地产销售，全国27个城市可以选择；

咖啡之翼：管理培训生；

通灵珠宝：店长助理；

思凯乐体育：储备干部；

华商智业：客户经理。

李亚峰留下咖啡之翼和通灵珠宝"谈钱"。最后选择通灵珠宝，工作地点在郑州，沈总说，如果做得好整个郑州归他管，发展空间很大。

尽管BOSS对他的争议持续到面试结束，但他的确也表现出了自己在销售方面的某些能力，李亚峰最终获得了通灵珠宝店长助理的岗位，对此他本人也非常满意。

经验之谈：讲究礼仪，帮助自己避免麻烦

在第一个案例中，当天李亚峰到聚美优品要应聘的岗位是实习CEO助理，我们都知道，助理这个岗位对个人礼仪形象要求是比较高的，但是李亚峰的穿着十分休闲，与公司的整体氛围不协调。虽然这只是一个小瑕疵，但是这类岗位对应聘者的穿着与礼仪要求是非常高的。李亚峰没有顺利得到实习岗位与自己着装不无关系。

在第二个案例中，当各位BOSS将矛盾焦点集中在李亚峰的人际关系方面时，陈昊说的一段话点出了问题的本质，同时他也对李亚峰的面试礼仪给予了评价。一般来说,求职者站在台上都应该是一种谦虚的姿态,手都会放在前面;而李亚峰始终把手放在后面,所以陈昊认为这种站姿显示出他性格上的自负,并且认为这是导致他出现人际关系问题的关键因素。

虽然对于李亚峰表现出来的"自负"各位BOSS看法不一,比如猎聘网戴科彬:"亚峰,我倒是蛮欣赏你的,而且蛮佩服你的。"他认为李亚峰作为一个大学毕业生站在这个舞台上被这么多老板评价,还能表现得如此淡定,这本身就是素养很好的表现。

陈昊同时也认为"90后"的"自负"并不是一种贬义的说法。关于性格或品质方面我们在此不做过多讨论,单从面试礼仪角度对李亚峰的个人形象进行评价的话,李亚峰在舞台上的站姿的确是存在一些争议的。就像陈昊说的那样,一般求职者在面试时应当把双手放在腹前,这是一种得体、大方、谦卑有礼的姿态。

作为求职者,李亚峰应当表现得谦虚,在面试中他很紧张,语言表达中也没有表现出骄傲和自负,只是在谈到其那几天和小伙伴之间发生的一些不愉快时,BOSS分析,是他性格上的自负,所以才会不合群。这个判断直接来自于他在面试中的个人形象,他没有像其他选手那样双手交叉置于腹前,而是置于背后,这个细节被BOSS抓住了。

虽然这是一个小小的细节,最后也没有影响他的面试结果,但面试中出现的小插曲很有可能会让选手由于紧张而发挥失常。在陈昊指出李亚峰性格上的自负后,戴科彬与他产生了一段争吵,之后徐睿补充的一个小细节更加使得李亚峰解释不清,这无形中给自己的面试增加了麻烦。

所以,我们建议求职者在面试前尽量做好个人礼仪方面的准备工作,在面试中保持良好的个人形象,避免由于形象问题给自己制造麻烦。

编者语："卖相"好才能为自己加分

无论李亚峰在面试中表现出来的"自负"在BOSS眼中是褒义还是贬义，笔者认为，求职者在应聘时还是不要太冒险，应当讲究必要的面试礼仪，不要太过分地表现自己的个性，因为有争议的人物不好当。

而且面试官的个人品位也不一样，他们的接受能力也存在"70后"、"80后"与"60后"之间的差异，正如戴科彬所说"作为'80后'要比'70后'更了解'90后'"。为了应对个人品位参差不齐的面试官，求职者要在面试前认真学习面试礼仪常识，无论外表还是内涵方面，都应做到合乎"常态"。

求职者在面试中实际上就像一种商品，卖相好才能为自己加分。当然，面试官看中的是求职者的能力和素质，但面试礼仪表现出的是求职者对求职这件事的尊重和认真，以及对面试官的尊重。

小　结

本章讲了求职者为了"讨好"面试官，给面试官留下深刻而美好的印象，需要在面试前从哪些方面来包装自己。主要谈到了以下几点内容：

第一，大学生为了找到满意的工作，应当在求职前努力充实自己，量身定做设计自己的能力，给自己增加求职成功的机会。

第二，形象好，也要能力强，真正的美丽不只是外表，美女来求职更应该用实力说话。

第三，在面试前做好各种设想，计划好各种应对措施，在面试现场还要完美发挥，"做"给面试官看。

第四，求职前先要充分认识自己，了解自己的优势和劣势，从而在面试中把自己最好的一面展示出来。

第五，在面试前应对目标企业的信息有所了解，知己知彼，才能在面试中有的放矢地展示自己的能力和特长，为求职成功增加筹码。

第六，简历是求职的敲门砖，准备一份好的简历很重要，求职者在面试前还可以根据实际情况临时补充简历内容。

第七，求职也是推销自己的过程，所以"卖相"很重要，学习和掌握面试礼仪方面的知识，为自己的形象加分。

总之，求职者为了找到满意的工作，得到面试官的认可，在面试前应当想尽一切办法包装好自己。做好以上几方面的准备工作，为求职成功奠定基础。

| 第二章 |

职场弱水三千，要知道自己喜欢"谁"

有目标，还要有方法

求职者在选择职业的时候，千万不能盲目，一定要找准方向，找对方法。只有用正确的方法朝着正确的方向努力，才能以最快的速度到达成功的彼岸。求职者在择业时往往是非常迷茫的，尤其是刚毕业的大学生，对自己的将来没有清晰的规划。老师的建议、父母的安排、同学的议论、社会的舆论等，这些都是影响他们择业的重要因素。面对就业的压力和周围环境的影响，求职者很容易产生为了就业而求职的盲目心理，这样就会陷入迷茫，成为所谓的"求职盲人"。

尽管在短时间内找到了一份可以"应急"的工作，满足了自己就业的需要，或者说荣誉的需要、生活的需要。但是真正走进职场，面对严酷的职场现实，你真的能够毫无杂念地从一而终吗？这就是为什么有些企业不愿意招聘应届毕业生的原因，因为在他们看来自己企业花费半年，甚至一年、两年的时间培养的员工只是在"为他人做嫁衣"，他们的离职率和跳槽率是非常高的。

当然，这样评价应届毕业生是不公平的，因为大部分刚刚走出校门的学生对自己将来的就业方向不太确定，除了走专业路线的求职者目标比较明确一些，其他跨专业求职的学生都或多或少存在这样的问题。

就目前社会形势而言，大部分大学生在毕业后选择的职业与自己的专业并不是直接相关的。其中的原因是多方面的，比如盲目报考专业，兴趣与专业不符；大学扩招导致社会岗位需求与毕业人数不协调，等等。所以说，刚毕业的大学生求职目标不明确也是可以理解的。

然而，实际情况远非这么简单。在现实招聘过程中不难发现，有许多求职者的工作经历非常多，毕业5年跳槽3次以上。对于这样的求职者企业就会非常慎重地考虑，因为每一个企业都希望员工创造价值，希望员工能够对企业忠诚。

总之，我们认为，无论是作为职场小白的应届毕业生，还是骑驴找马的企业在职人员，或者是炒了老板鱿鱼的离职再就业者，都应该在下一次面试前为自己的将来做一个大致的规划，为自己确立一个奋斗目标。毕竟不是每个企业都愿意在你身上下赌注，在此我们借用优胜教育集团董事长陈昊的一句话："如果你自己都不知道要干什么的话，企业怎么会对你有信心？"

非你莫属——求职故事再现

求职者姓名：任自豪

节目时间：2014年3月23日

最高学历：本科

就读院校：四川传媒学院，播音主持专业

求职意向：传媒类或者是市场推广类

21岁的四川小伙子任自豪，毕业于四川传媒学院播音主持专业，在《非你莫属》的舞台想找一份传媒类或市场推广类的工作。他非常热爱主持人这一职业，大学时就做过电台主持和电视主持，并多次参加主持类选秀节目，比如《快乐男生》《向上吧，少年》，深圳卫视举办的

《青春之星》和上海电视台举办的《今天我主持》，以及苏州电视台举办的《苏州全国主持人大赛》，等等。

在毕业之前，自豪曾跟一个传媒公司签过合同，主要是做活动主持人（车展或者房销会），毕业之后顺从父母的安排在当地一家艺术培训中心当老师，教播音主持和表演。但他并没有因此而放弃自己的梦想，他觉得作为一个男子汉应该自己出来闯一闯，好男儿志在四方。

戴科彬针对自豪的梦想开始提问："你想到北京来闯一闯，那你的梦想是什么，你想成为怎样一个人？"自豪："我给自己一个10年的目标。前5年我想积累人脉和资源，积累我的工作

> **戴科彬**
> 猎聘网创始人兼 首席执行官，中国招聘营销专家

经验，我不会要求一定要有多少工资，我只是要充实自己。"简单说就是，前5年进圈，后5年发展。自豪想进的圈就是主持人这个圈。

很显然，自豪的回答与今天的求职目标相互矛盾。华商智业CEO刘春华："我就不得不问一个问题了，那你今天来是不是就想在这儿秀一下，希望能给自己创造更多的机会？"自豪否认了他的质疑，但刘春华又追问，"你的目标是积累人脉，但圈子内部人脉才是最重要的呀！"自豪说他觉得人脉无所谓是不是圈内的人脉，他的回答BOSS并不认可。

于文浩："人脉问题先放一放，必须得规劝你一句，因为咱们是同行，在咱们行业里'成名要趁早'，这是金科玉律。你的年龄其实是跟你赛跑的最厉害的竞争者，你要是真正

> **于文浩**
> 优睿传媒创始人、董事长

想在这行混的话就得早入行，你刚才那个思路是不对的。"对此，自豪表示他不想成名，只是想做主持，哪怕是一个外景主持或者是一个活动主持都行。

戴科彬："你要到企业里面去经常主持企业的年会也可以吗？但它不是个职业，一年只有一次。企业的老板其实蛮担心员工会有一个明星梦，因为但凡有一个明星梦的员工，他在企业内部是很难踏实去做事情的。"

涂磊："如果你只是喜欢这份工作，而并不是想要更大的光环的话在那儿也是可以的，未必要来北京，四川也是可以的。"年轻人有自己的明星梦、想做主持人、想出名，这都是很正常，并不是什么坏事儿，而涂磊认为任自豪的回答是自相矛盾了。

自豪说，他想出来发展的原因是爸爸妈妈对他的保护和安排让他觉得自己只是个小孩，什么事都固定地安排好，他不喜欢这样的感觉；还有第二个原因就是他有的北漂梦。自豪的回答并没有消除老板对他的质疑，陈昊说："我觉得你在错怪一件事情，父母给你带来的这些福利你可以不选择享受，但是你不能说因为这个你才出来。"显然，这个理由并不充分。

徐睿说："心里头揣着一个台前梦的人进入到职场当中，如果再有一个机会的话，你会对企业不负责任，比如说优胜教育给你的一份与市场相关的工作，半年之后《天津卫视》告诉你有个外景节目的主持机会，但是你跟优胜教育签了一年的合同，怎么办？"

自豪对自己的发展方向应该说是比较明确的，但是他对自己的发展策略或者说发展路径并不明确，他没有为自己的发展设计好方法和路线，因此台上的表现显得有些混乱。徐睿问他如果有这样一个机会他会怎么选择时，他说他会去跟优胜教育说明情况，但如果是全职主持工作他会直接拒绝。

求职结果

任自豪最后获得了1盏灯，猎聘网戴科彬为任自豪提供的工作机会是北京市场部市场活动主持人，从市场专员开始做起，月薪4000元。

自豪没有接受这份工作，最后他说出了自己的心声："我不敢说我自己以后会不会成功，但是我想说我一定要在这条路上坚持下去。在一开始我没有承认，我很懦弱，但是在节目的最后我要承认，我就是想做主持人。"

经验之谈：问清楚自己的心再择业

任自豪的求职过程是比较曲折的，老板们争论的焦点主要是他的求职方向和个人梦想之间的矛盾。在节目一开始，任自豪说他对自己有个10年规划，前5年进入主持圈，积累人脉，学习经验，后5年再谋求发展。这本身是非常值得肯定的，一个年轻人有自己的梦想，这是好事。

BOSS之所以一直在纠缠这个问题就是因为自豪在面试过程中说自己也会选择市场类工作或者企业内部主持人，这与他的梦想是背道而驰的，所以BOSS认为他无法做到在企业踏踏实实做事。正如戴科彬所说的："我们不去审视你、审判你的梦想，我们不会去灭掉你这个梦想，但职场是很严肃的。"作为BOSS他考虑的是如果给他一份职业，但不是他的梦想，他会不会踏踏实实对企业负责。

主持行业出名要趁早，青春是耽误不起的，因为时间是最大的敌人。任自豪既然坚定了自己要当主持人，还要在前5年积累人脉，那么他选择一份市场类或企业内部主持工作的话显然是南辕北辙。所以BOSS

怀疑他来求职的动机，陈昊："如果今天你真的下定决心来找工作，你不会在台上讲这些理由的，所以你今天来这里还是想看看有没有成名的机会。"陈昊认为他今天并非真想求职，只是想为推销自己找一个机会。虽然任自豪并没有正面地肯定BOSS的疑问，但是他在舞台上的表现已经让大家觉得他陷入了迷茫，他有目标但没有方法。

李安："我觉得作为一个20多岁的年轻人，刚刚出头，非常清楚自己想要什么，非常明白自己喜欢什么，是一件很幸福的事情，很多人羡慕你还来不及，你为什么愿意去妥协现实，放弃这么美好的一个理想？"这句话问到了本质，任自豪并没有放弃自己的目标和理想，只是他没有找到一条很好的途径去实现这个目标。任自豪的求职目标和他的表现，让在场的老板也陷入纠结："是支持他的梦想，还是提供给他工作？"新航道国际教育集团JOHN："我灭灯是支持你，是让你去做别的事儿，我觉得现在给你的机会不一定是最适合的。"

> **李安**
> 网易门户市场部总经理，负责网易门户市场推广工作

为了让现场的BOSS看到他的求职态度，他说："我要告诉老板的是，如果我签了你这家公司我绝对不会选择退出，除非你把我开了。"这个回答就更没有说服力了，自豪这样喊口号式的承诺更让他的形象打了折扣，显得很不坦诚。这句话很难让人信服，大家听着心里会很不舒服，这样的沟通效果是非常不好的。

编者语：拿得起，放得下

在现实中，类似于任自豪这一案例的求职者大有人在，不安于现状，有梦想，但又不知道怎样去实现，在经历挫折后想迂回前进，可是

又不知道方向在哪儿。笔者同样认为一个年轻人有自己的梦想很正常，而且是非常值得称赞的，但是梦想一定要切合实际。

如果我们真的执着于自己的梦想，认定自己将来一定要朝着这个方向发展的话，那么就应该坚定自己的信念，一步步靠近自己的梦想。如果不能坚定目标，没有非它不可的信念，只是想试试看的话，那还是尽量不要浪费宝贵的青春年华，把时间用在更实际的工作上面。

有目标，还要有方法。求职者要考虑清楚自己要什么，更重要的是要弄明白应该怎么做。无论自己有什么样的目标和梦想，都要冷静、认真地分析一下：自己有什么资源和条件可以逐渐地接近它，应该怎样设计职业发展路线，然后需要怎样的努力才能一步步实现。如果一时实现不了，就需要制订阶段性的目标，在职场上暂时放弃梦想，努力完成阶段性目标，不要让用人者在求职者的梦想和现实之间迷惑，否则求职者会沦为求职路上的迷途羔羊。

在目标企业面前不要太矜持

求职者在找工作时要有主见，选择行业和职业时要有自己的判断，不要盲目从众，适合别人的不一定适合自己。择业者中关乎命运的大事还是要自己做决定。很多大学生在求职的时候对自己的目标岗位、目标行业、目标职业都没有清晰地表达，而是把选择权交给招聘方，让他们帮助自己择业，扭扭捏捏，有点"大姑娘上轿"的意思。这就好像是在人才市场摆摊，让别人挑自己，被谁看上就跟谁走，完全没有主意和主见。

虽然说应届毕业生阅历浅，对自己将来的规划不够清晰，面对职场考验自信心不足，但是对自己将来起码的职业规划还是应该有的。有的求职者可能会觉得写上自己的目标行业或职业会影响应聘，表面上看起来，这类求职者似乎可塑性很强，给了招聘方一个很大的选择范围，任何行业、任何企业、任何岗位都可以考虑。实际上这种做法反而更加不利于自己求职，因为企业在选人用人时都会考虑稳定性的问题。如果求职者连自己想做什么都搞不清楚的话，作为企业而言很难给他们设计培养方向，因为最了解求职者的是其本人，只有自己觉得自己合适，别人才会对你有信心。

求职不是找对象，没必要扭扭捏捏，命运掌握在自己手中，面对自己的目标企业可以大大方方地说出自己的意向。你选择了它，它也会考虑给你机会；你不选择它，它认为你合适也会给你机会。求职招聘也是存在市场竞争的，求职者不仅要表现自己的价值，确定自己的价格，展示自己的特长，最重要的是还要表达出自己的意向。

非你莫属——求职故事再现

求职者姓名：季逸

节目时间：2014年3月23日

最高学历：本科

就读院校：山东女子学院，商务英语专业

求职意向：依托于她的性格、能够与人面对面沟通的工作

季逸是一名22岁的应届大学毕业生，来自山东济南，就读于山东女子学院商务英语专业。她是一个性格活泼开朗、积极外向的姑娘。在《非你莫属》的舞台她想找一份依托于她的性格、能够与人面对面沟通的工作。

季逸是一名非常优秀的大学生，她被评为"山东省优秀毕业生""优秀党员"，曾参加第二届"山东省大学生素质大赛"并荣获电商组优胜奖，还获得过"世界女子教育联盟迪拜印象演讲"二等奖；另外，每学期均获奖学金，每学年均获"优秀班干部"称号。

尽管季逸已经有了明确的目标企业和目标职位，但是在自我介绍中她并没有明确地表达出自己的求职意向，而是笼统地对自己的目标职位进行了描述。她希望找到一份能够发挥自己性格特长的工作，她对自己的评价是擅长沟通、比较热情，对第一次见面的陌生人不会排斥，都会很热情主动地去接触，特别善于跟陌生人聊天。在校期间针对这一性格

优势，她也参加了很多社会实践。

戴科彬："我看你在求职意向里面谈到要做与人面对面沟通的工作，但是你没有说出任何一个具体的职能方向，比如销售、市场、财务、人事等。沟通有主动和被动之分，主动的沟通比如说市场销售，还有种被动的沟通比如客服，你喜欢哪一种类型的，能不能讲讲你之前有没有相关的经验？"

季逸："我还是比较喜欢对外主动出击型的，我现在没有任何管理经验，对于工作岗位，希望是销售或者市场类，策划类也OK。"

曾花："求职季这几天一共有4份工作，通灵珠宝、盈科律所、速8酒店，还有58同城，待遇完全是不一样的，有160元的，也有80元的，为什么会有那么大的区别呢？比如说速8酒店给的80块钱低于他们正常的价格，是你那天的表现有什么不好吗？"

季逸："去速8酒店的那天我应聘的是储备店长，就是做服务员的工作，要求我一个小时完成两间房，我一个小时零三分钟完成了一间房，而且有扣分，这的确是我的不好，可能有很多卫生方面的问题。"

徐睿："但是你要继续这件事情，为什么那天表现不好，那天在两个小时的时间当中只做了一张床，你不讲的话我讲。"徐睿说，记得当天她是因为看到做床工作很辛苦，想到自己的父母每天都这样辛苦，所以控制不住情绪一直在哭，所以影响了工作。徐睿之所以让她继续讲也是为了给她机会为自己辩解，不是由于工作能力问题，而是事出有因。

沈东军："在5天的北漂求职体验（关于'"90后"北漂求职季'，在第一章李亚峰的案例中有相关介绍）中你有什么觉得自豪的事情？"季逸说有两件事儿令她印象特别深刻，一个是去盈科律所，再一个就是去通灵珠宝那一

> **沈东军**
> 通灵珠宝总裁，法国乐朗葡萄酒酒庄，中国珠宝玉石首饰行业协会副会长

天。在通灵珠宝她能够感受到企业的人文气氛，当天下午完成了将近20万元的销售额，所以自己觉得非常开心。

沈东军："你为什么能够完成这个销售任务呢，你是靠什么打动顾客的？"季逸说她原来做过婚礼策划师，看到情侣过来就问他们有没有照结婚照，婚礼什么时候举行，通过婚礼这个点切入跟他们聊天，从而了解这个女士的欣赏品位，给她推荐了一款钻戒。另外她还利用通灵珠宝"为下一代珍藏"的口号，以宝宝为话题给她讲了一个爱的宣传册，使客户感觉到温暖。在销售过程中季逸的成功很重要的一点就是她懂得抓住客户心理，"男性完全是尊重女性的，我就知道把这个女性搞定就完全OK了"。

在整个面试过程中季逸发挥得很好，很显然，她在销售方面具有一定的才能，但是她的求职意向不明确引起了BOSS的质疑。于文浩："沟通和聊天是两码事，你很会聊天，但是你具体要求的岗位是什么？"

季逸不愿意说出自己的目标岗位和目标企业，她想给自己多争取点机会。但是BOSS认为她应该说出自己的职业规划，给自己一个明确的方向。最后季逸承认自己其实是有中意的两家企业，一个是咖啡之翼，一个是通灵珠宝，目标岗位是咖啡之翼的股东店长。

当季逸说出自己的目标企业是咖啡之翼和通灵珠宝后，引起了BOSS团的抢人大战。徐睿："你不觉得你在说出来以后我们的尹总和沈总给你留灯会留得更笃定吗？"于文浩："喜欢你的人会更喜欢你，我会跟他们抢到底的。"陈昊："允许我也直接点儿，季逸你告诉我，怎么抢才能抢赢他们？"

求职结果

企业：咖啡之翼；薪资：5000元+/月。

季逸在舞台上的表现让各位BOSS都非常满意，他们都给季逸留灯，并且争抢一直持续到最后。

华商智业：销售类的，主要是和客户进行沟通，匹配企业管理方案和品牌策划师。

思凯乐：店面拓展经理，工作地点在济南。

猎聘网：市场策划，工作地点在北京。

通灵珠宝：公关专员，工作地点在济南。

咖啡之翼：第一个是市场专员，第二个就是店长助理(店长助理直接升级为股东店长)。

58同城：销售，工作地点在北京、济南或青岛。

优胜教育：管理培训生（陈昊：我希望能有机会把你培养成为我们最年轻的校长）。

优睿传媒：媒体销售助理经理（把电影、电视剧里植入广告的空间推荐给500强企业，做植入营销的合作，总部在上海）。

新航道：济南新航道学校的课程顾问。

大可乐手机：市场专员或者公关专员。

在灭掉10盏灯之后季逸留下了思凯乐和咖啡之翼，她们为季逸提供的岗位分别是拓展经理和店长助理，为了增加抢人筹码，尹峰的店长助理直接升级到股东店长。最后季逸选择了咖啡之翼。

经验之谈：大胆说出自己的职业目标

季逸在整个面试过程中表现得都非常优秀，性格开朗，乐观积极。

由于在面试一开始她没有说出具体的求职意向，只是希望找到一份能够发挥自己性格特长和沟通能力的工作。既然来到《非你莫属》这个舞台求职，目的当然是找到一份满意的工作，得到在场老板的认可，这完全没必要藏着掖着。季逸表现出的是一个完全真实的自我，对季逸的现场表现各位BOSS都比较认可，但是大家对给她提供什么样的工作表示很疑惑。

利洁时家化谭奕对季逸的评价是说话不精练，这在职场中通常是沟通中的弱点。谭奕给季逸提出的建议是要明确自己的求职目标，他说："你的求职意向只表述了一个状态，我一直在想什么样的工作能给你，一直在考虑是不是能给你一个去跟人沟通的工作，但是我就觉得最大的问题是你说话不精练，总是绕一大圈，这往往是跟别人沟通当中的一个弱点。可能有一些工作需要你坐在那儿跟人长时间地聊，所以我需要想一想具体哪样的工作适合你。"

在黄健翔问到季逸的目标企业时她还在犹豫，作为一个求职者在面试中应该表达出自己基本的职业规划和求职方向，否则将会给面试官留下定位模糊、目标不清晰的印象，这在面试中是给自己减分的。季逸不愿意说不是因为没有目标，而是想给自己争取更多的机会。

徐睿："你一直以来面试过程其实都很好，但是刚才你在老板们问你今天目标公司、目标行业是什么时候你不说这是一个很大的败笔，难道来上这个舞台之前你连自己基础的职业规划都没有吗？"

当季逸明确表达出自己的目标企业是通灵珠宝和咖啡之翼后，不但没有影响各位BOSS对她的喜欢，而且还引起了人才争夺大战，就像徐睿说的那样，"尹总和沈总给你留灯会留得更笃定"，而且也不会影响其他企业对他的评价。案例中，季逸说她的目标岗位是咖啡之翼的股东店长，最后在尹峰和曾花"谈钱不伤感情"时，尹峰为了能给自己企业增加机会直接把职位改为股东店长。

另外，在面试过程中还有一个小细节，就是当曾花问到季逸在前5天的求职体验中为什么得到的工作报酬参差不齐，尤其在速8酒店得到的报酬低于正常水平时，季逸回答得非常谦虚，说是由于自己没有按时完成，并且质量不达标所以被扣分。但是没有交代清楚原因，没有为自己辩解，这一点很可能成为面试官判断她是否合格的依据，所以徐睿要求她继续讲出原因。最后大家了解清楚真相以后反而对她的孝心给予谅解。

所以说季逸在求职中的表现有些过于矜持，在回答问题时没有主动表现自己的优势，在择业方面也显得有些被动，当然通过推荐人的提醒并没有给她的求职造成影响。

季逸的求职经历给求职者的启发是：不要把决定留给别人做，毕竟人是有思想、有感情的，人的主观能动性不容忽视，只有积极努力争取，才能获得更多的机会。求职者选择职业是关乎自己命运的，尤其是对于应届毕业生来说，第一份职业决定了自己的起点，因此，在选择时不要太矜持，应当主动为自己争取。

编者语：该出口时就出口

求职者的发展规划，一方面是给自己确定奋斗方向，另一方面也给企业在设计员工职业生涯时提供一个参考。只有让企业了解你想要什么，才能使企业对你更有信心。换句话说，企业在了解你的需求之后才有可能给你提供满意的岗位。笔者认为，求职者完全没有必要隐瞒自己的目标企业和目标岗位，在简历中可以明确地写出自己的求职意向，在面试过程中也要大方地说出自己的目标。如果招聘方无法提供自己所期望的工作岗位，再退而求其次也未尝不可。

招聘和求职本来就存在竞争，大方一点没关系。求职者没必要想太多，大胆说出自己的职业目标，有自己的选择、有自己的目标，这是非常值得肯定的。对于求职者而言，他们的确面临着巨大的压力；作为招聘方，他们也有很多竞争对手，求职者要敢于给自己定位，说出自己的目标，让目标企业更有信心选择自己。

谨慎选择目标岗位，"酸葡萄"不好吃

"吃不到葡萄就说葡萄酸"，既然吃不到，而且还很酸，就不要太心急，等时机成熟了再吃才美味。这告诉我们一个道理，在求职中不要把目标定得太高，应当根据自己的实际情况，选择适合的岗位。

求职者在选择职业时除了要对目标行业、目标企业有一定认识外，还应详细了解目标职位，尽量充分地掌握目标职位的具体工作内容和工作范围，从而能够更加准确地给自己定位。比如同样是助理，有总裁助理、行政助理、秘书之分；同样是销售，根据产品性质和推销渠道不同又分为网络销售、实体销售等多种类型，根据工作范围和权限大小又可以分为销售经理、销售助理或者销售专员等；同样是主持，有企业内部活动主持和电视节目主持等不同类型。

初涉职场的菜鸟由于对各行各业的运营、管理、营销等实际工作内容缺乏了解，在选择职业或确定目标岗位时很容易出现张冠李戴的现象，比如有的求职者打算应聘总经理办公室秘书，但是在简历中写的求职意向是总经理助理，等等。

这样不准确的定位会给自己的求职过程带来很多麻烦，面试官过高地估计自己将会使自己在面试中遇到一些棘手的问题，或者使自己陷入

尴尬的境地。因为在面试过程中面试官会针对求职者的个人经历和求职意向去提问，如果求职者的定位不准确或者定位过高遇到的问题就会比较难。回答问题不顺利很容易导致求职者心里紧张，即便后来通过沟通纠正了原来的不合适的职业定位，也可能会由于紧张而发挥失常。

我们认为，求职者在择业时要切合实际，谁都想给自己一个更好、更高的起点，但是不一定起点越高越好，还是应当脚踏实地，循序渐进。尤其是对于重新择业的职场人士而言，更要慎重对待。虽然自己已经有过几年工作经验，但是在选择其他行业的职业时你仍然是一个新人，只不过比刚走出校门的小白稍微多了一些色彩，而这些色彩对于一个新的职业来说不一定是优势。

比如一个在汽车销售行业做了两年销售专员的求职者，想转行到快速消费品销售行业，尽管都是做销售，但是这两种产品的销售模式却大相径庭，该求职者要想直接应聘部门销售经理恐怕有些不妥。如果他对快速消费品行业没有比较深入的了解，对销售渠道拓展、销售团队管理等没有一定认识的话是很难胜任这个行业的部门销售经理一职的。即便自己已经有过两年销售经验了，也应该从基本的工作内容开始了解，可以从销售助理的岗位入手，慢慢熟悉工作内容。

求职者在给自己定位准确的情况下，才有助于增加求职成功的机会。因此，求职者在选择目标职位时一定要谨慎，在充分了解目标职位的工作内容和能力要求之后，还要正确地估计自己的能力，为自己确定最适当的目标职位。

非你莫属——求职故事再现

求职者姓名：赖晓云

节目时间：2015年5月31日

最高学历：本科

就读院校：江苏大学，光电材料专业

求职意向：产品相关岗位

赖晓云在求职前也是做了大量的准备工作。他从微博上查到慕岩的邮箱，把自己的个人经历和自己对职场社交APP"脉脉"的分析报告发给慕岩，结果他的分析报告让慕岩感到相当靠谱和深入。因而他得到了慕言老师的推荐。

晓云在学校被同学誉为"神级的存在"，因为他很少上课，经常搞一些乱七八糟的东西，但考试也能过。比如他曾经发现"美团"外卖的促销规则里面有漏洞，利用这个漏洞可以弄很多"美团"的优惠券，所以他还特意把漏洞写成网络教程让更多网友受益。另外他经常考虑一些奇怪的问题：马路的路面为什么非得是静止的，如果路面是活动的会是什么情况；光是不是能变成可以看得见摸得着的；头盔是不是可以做成能理发的，等等。

涂磊问他："你这些稀奇古怪的想法、找碴儿的动力，如果化成工作能力的话，你觉得能够成为怎样的工作能力？"晓云的想法很奇特，但是既然来求职就要展示出自己的能力与求职岗位之间的契合点，也就是要找准自己的卖点，所以主持人问他这种神级的想法可以体现出哪方面的工作能力。

晓云说："我会看到一些比较细致的、不合理的存在，我本身比较善于运用一些规则，所以肯定会很容易找到规则的漏洞，比如在'脉脉'体验报告里面我列出了好多条技巧。"他认为自己善于利用技巧找到规则的漏洞这一点符合与产品相关的岗位。他来应聘的是产品经理和产品助理，还算是比较契合的。

段冬："我觉得这份体验报告做得很详细，但是亮点不够突出，你觉得亮点在什么地方？如果你是产品经理，对这个APP提出一个改进意见的话，你觉得是什么？"晓云说他认为是更多其他行业的拓展方面：目前"脉脉"的主要用户还是互联网人群，地点集中在北上广深。在这份报告的后面涉及有关企业内部交流聊天应用的分析。

申磊："作为一个产品经理，你在提出应用需求的时候有没有考虑他为什么不去拓展其他的行业？他为什么只针对互联网人群去做事？"晓云："我想可能是互联网人群比较喜欢接受新鲜事物。"

> **申磊**
> 清华大学博士，理财范网站创始人、CEO

申磊："为什么你建议要拓展新的人群，你觉得对它本来的产品会不会造成一些影响？"晓云说他觉得拓展行业有利于产品本身的发展，但申磊觉得他的认识很肤浅，建议他回归到社交产品的本质，弄明白它到底解决什么样的问题。当然，申磊的要求是比较高的，他在以产品经理的能力来考验晓云。申磊："我就是看看他能不能胜任产品经理，调研完以后我觉得最多是一个产品助理。"

晓云："各位老板问得太过于专业，我现在的能力可能还达不到产品经理的要求，所以我从产品助理开始。"晓云自己也感觉到自己的能力达不到产品经理的要求，对于BOSS提出一些深层次的问题他感到不知所措。

求职结果

企业：58同城；薪资：8000元+/月。

晓云通过展示自己的体验报告表现出一定的互联网产品开发和拓展能力，但是距离一个产品经理还有很大差距，最后他获得了6盏灯的工作机会：

楚楚街：产品专员；

理财范：产品助理；

58同城：用户平台事业部产品助理；

通灵珠宝：乐朗葡萄酒线下线上项目的产品助理；

新氧科技创始人CEO金星：产品开发团队；

福能集团：PVGO产品经理助理。

经过考虑后赖晓云选择了通灵珠宝和58同城竞价，通灵珠宝给出的薪资是10000元＋，58同城的薪资是8000元＋。沈东军说有内外部专家可以给予他指导，并且可以直接向他汇报工作，工作上有很大的自主权。另外，通灵珠宝正在开发一款比较新颖的葡萄酒微商发展项目，他还有机会成为股东或高管。最后晓云选择58同城，因为58同城是他一直以来喜欢的企业，而且58同城的产品文化非常深厚，他想找一个比较好的师傅从头慢慢学起。

经验之谈：神人也不能高估自己

赖晓云被同学称为"一个神级的存在"，对于这一点他自己非常自信。从慕岩老师对他的推荐中我们可以了解到，他是一个善于思考、善于研究、善于发现问题，并且会主动解决问题的人。对于周围人的负面评价，赖晓云自己也能接受，是一个非常有喜感的人。他也认为自己是一个神级的人物，可以说对自己相当认可。

赖晓云在求职过程中做过很多努力，他对社交APP做的体验报告非常详细，对于一个完全没有实际工作经历的求职者来说他的确已经非常不错。但是他毕竟不是真正的产品经理，对于专业的产品开发还有许多需要学习的地方。

赖晓云在自我介绍中表示自己的求职方向是产品方面的相关工作，对具体的岗位并没有准确定位，因此，现场的各位BOSS对他的考验相对来说就更严格一些，因为他们要判断晓云的能力水平，从而给他一个合适的岗位。

申磊问了晓云一个比较专业的问题，如果"脉脉"要拓展新的用户群对它本来的产品会不会造成影响，显然晓云对这个问题并没有考虑成熟，因此申磊认为晓云对产品的研究应该回归到社交产品本质的东西，他认为晓云的体验报告是比较肤浅的。

当然，对于一个外行人而言这个评价也不算什么，申磊提出的问题显然难度过高，但是在求职现场面对这样的问题、这样的评价，作为求职者本身来说很难做到不紧张，对后面的表现也可能会造成一定程度的影响。

申磊说他在调研完之后觉得晓云不能胜任产品经理，最多是一个产品助理。本来晓云的目标也不一定非要是产品经理，但是由于他自己没有准确的定位，所以面对这种尴尬的处境，他的自信心肯定会受到影响。后来在采访中晓云自己也说，本来自己信心满满地去应聘，以为各位老板会很欣赏自己，没想到抛出问题以后他却无从作答，变得有点紧张。

通过赖晓云的求职经历，我们认为他对自己的能力估计过高，对目标职位的要求没有了解清楚。面对各位BOSS太过专业的问题，晓云自己也认识到了自己现在的能力还达不到产品经理的要求，他也愿意调整自己的目标定位，先从产品助理开始做起。

编者语：求职也要讲门当户对？

求职者找工作面试过程类似于找对象的相亲过程。相亲时，男女双方对对方的性格、兴趣爱好、家庭背景、工作职业等个人条件都会有一个心理预期，只有双方都符合彼此要求才能有进一步发展的机会。

求职招聘也同样需要有一个预期，求职者对将来的工作岗位环境更会有期望，招聘方对求职者的能力、潜力、可塑性也会有期望。只有求职者在面试中的表现达到面试官的心理预期、满足招聘岗位的要求时才有机会求职成功。

求职不需要门当户对，但求职者的个人条件应得到面试官的认可。有些特殊岗位可能会需要一些特殊的社会关系，比如拓展海外市场的企业可能会需要有海外留学或海外工作经历的求职者，但就大部分工作岗位来说，看中的是求职者个人的素质和能力。因此，求职者一定要对自己的个人条件认真分析，既不要低估自己，使自己错过机会，也不能高估自己，能力所不及的岗位还是不要选择。

别让"兴趣"限制了你

"兴趣是最好的老师",也是做一件事能够取得成功的重要推动力,有助于将个人潜能最大限度地发挥出来,使其能够长期专注于某件事或某种活动。另外,如果对一件事能够产生浓厚兴趣的话,在实践过程中会产生愉快的情绪和体验,从而起到事半功倍的作用。

对于工作也是如此,在工作中兴趣会转化为一种无形的动力,有助于我们增强对某件事情或某项活动的信心,使我们在参与过程中投入更大精力,提高成功的可能性。

选择自己感兴趣的职业,在工作中人的主动性将会得到更加充分的发挥。虽然工作过程非常辛苦,但也不会产生厌倦的情绪,反而会乐在其中,即便遇到重重困难也绝不放弃。

如果能找到一份既能发挥自己的优势又是自己感兴趣的工作的话当然是最好的,但是由于很多求职者对自己的评价往往比较主观,想当然地认为自己适合干什么、可以干什么,从而把自己的人生局限在一个狭小的发展空间,一味地根据自己感兴趣的方向选择职业的话,很可能不适合自己长期的发展。要想成功地做一件事,除了要有浓厚的兴趣还应该具备相应的能力和素质,所以说感兴趣和能胜任是两码事。

河马哥刘惠璞说："兴趣是会变的，而且你最终可能会发现你的兴趣不足以养活自己。或者说你的兴趣有人比你做得更好。"仔细想想的确是这样的，自己感兴趣的、喜欢做的事不一定就能做好，而其他人可能比你做得更好，想把兴趣爱好变成足以让自己谋生的手段就不那么容易了。

找到一份能够体现自己价值、发挥自己特长、适合自己发展的工作，对我们来说至关重要。这不仅关系到我们将来的职业生涯发展，也关系到我们进入企业之后的稳定性。刚进入职场的年轻人，或者进入一个崭新工作环境的新员工，能否尽快适应环境，为企业创造价值，关键在于你具备什么样的工作能力，而不是在于你喜欢什么样的工作。

总之，求职者在为自己确定目标职业时要尽可能拓展就业宽度，多给自己一些机会，全方位、多维度分析自己；找准自己的定位，考虑清楚到底从哪个方向发展比较适合自己，别让"兴趣"限制了自己。

非你莫属——求职故事再现

求职者姓名：孙杰

节目时间：2015年12月28日

最高学历：大专

就读院校：兰州商学院，贸易经济专业

求职意向：培训讲师、活动策划、总经理助理

离职前就职于三星电子中国投资有限公司西北支社兰州办事处，担任智能体验顾问一职。离职的原因有两个：其一是觉得这份工作发挥不到自己的特长，其二是晋升空间有限。为了找一份理想的工作，她下定决心到《非你莫属》的舞台上来寻找工作。

孙杰在校期间从大一到大三一直在做辩论赛，并且一直担任一辩的

角色。她喜欢辩论，用她的话来说，"辩论能让人思考，也许真理是争论不出来的，但是思考的过程我喜欢"。孙杰说在大学期间由于自己辩论方面具有一些才华，所以各种荣誉都得过，可以说辩论成就了她的大学生涯。

在"天生我有才"环节，孙杰准备的才艺展示是演讲，但是为了表现自己与求职意向匹配的素质，她提前展示了自己的演讲：

我们花费4年的时间在大学里费着精力费着不菲的金钱，最后我们得到的知识在毕业后不用、不应试就抛之脑后了。我认为，教育的结果就是把我们学到的东西忘掉以后剩下的东西才是真正大学教育的结果。真正沉淀下来的智慧才是在你人生当中可以熠熠闪光的东西。

> 严路
> NINE娱乐创始人、董事长

严路："你刚才的演讲用词很华丽，声音很动听，但我想知道你想表达的观点是什么？简单明确地告诉我。"

孙杰："我表达的观点就是教育的成果是真正沉淀下来的东西。"

严路："剩下的东西是什么？"

孙杰："它有可能是你的思考方式、学习能力、价值观建立的维度。"

张金鹏："哪些类型的工作和你的性格、素质相符合？"孙杰说是偏策划类的工作，但她的第一意向是培训师，可见她认为的与自己性格素

> 张金鹏
> 金猫银猫联合创始人

质相符的工作并不是她的第一求职意向。她的求职第一意向与她个人的特长相关度比较高。

赵虎："你刚才已经展示出你的演讲才能和培训才能，接下来能不

能多展示一下你的策划才能？"

孙杰："'三星中国行'兰州部分是我策划的，因为三星手机有一个非常大的特点就是照相功能特别好，这个活动就是为了突出这个特点，把它放大到极致，通过三星手机看到最美的兰州。"

李宇欣说，孙杰在阐述自己的策划方案时和刚才的演讲都犯了同一个毛病，就是赘述太多、观点不明确，最后的那段才是这个策划案的亮点，"你要突出手机的照相功能"。乐露萍也认为孙杰的表述前面铺垫得太多了，应该重点说明怎么通过手机看到最美的兰州，总体上来看不够言简意赅。

通过孙杰在求职现场的表现，可以看出其实她在表达能力方面还是有待进一步提高的，如果要当一名培训师可能还比较欠缺。相比较而言，孙杰在活动策划、执行方面的能力要比语言表达方面更加突出，但她执着于培训师这一求职意向，所以刘佳勇问她："你想做培训师的原动力是什么？"

孙杰说就是觉得自己喜欢，她喜欢站在台上的感觉，喜欢展示自己。她从小就觉得有些人站在台上讲话时，不关心下面有没有人去听；而她自己则非常关注听众的接受度，所以她的讲话更加注重形式，不管讲什么都要让别人听得懂。可见她对自己的表达能力还是很有信心的，但自我感觉良好还不够，语言华丽仅仅是一个方面，最重要的是要观点鲜明、逻辑清晰，还应做到言简意赅。

沈东军："我觉得孙杰还是有一定潜力的，但是她应该去拓展她的就职宽度，一个人想做什么和能做什么是两码事。"陈昊："能不能讲一个笑话？"孙杰："我不擅长，我放弃。"最后严路给她做了一个性格测试：

河面上有个独木桥，桥上有块大石头，你有三种方式可以选：一是跨过石头去对岸，二是你可以跨过去之后把石头推下去到对岸，三是你顺着河上游或下游找其他道路。

选择第一种的人面对困难时行动很快，意识不到困难的存在；选择第二种的人会纠结于怎么解决困难而耽误自己前进；选择第三种的人是不愿意直接面对困难的。

孙杰说她选择第二种，严路给她的评价是太过于纠结细节而忘记追求目标。

求职结果

企业：优胜教育；薪资：5000元+/月。

孙杰在舞台上的表现虽然并不算完美，但是BOSS一致认为她是有一定潜力的，只是在求职现场她没有真正挖掘出自己的特长，可以说她素质很优秀。孙杰获得了11盏灯的工作机会。

韩虎：虎跃营销项目助理；

刘亚桐：桐人唐中国风潮牌行政助理；

刘佳勇：PVGO校园市场销售专员；

乐露萍：分期乐提供的是校园兼职策划助理；

通灵珠宝：两个岗位一是培训，二是公关专员；

金猫银猫：线上线下体验专员，云商运营专员；

咖啡之翼：运营助理，经过培训后成为真正的培训师；

极米科技钟波：极米线下旗舰店培训师；

健康有益李宇欣：减约APP市场策划执行；

陈昊：集团加盟连锁事业部培训师助理，运营类；

西默科技黄基明：培训师，郑州。

经过考虑，孙杰留下了通灵珠宝和优胜教育进入"谈钱不伤感情"环节。通灵珠宝的薪资待遇是6000元＋，优胜教育是5000元＋；最终孙杰选择了优胜教育。孙杰说自己喜欢教育行业，而且这是她的意向企业，以后准备在优胜教育先找准自己的定位，然后在企业里好好发展。

经验之谈：可以适当地拓展求职宽度

孙杰是一位第二次就业的求职者，此前在三星电子中国投资有限公司担任智能体验顾问一职，通过她的自我介绍我们了解到她离职的原因，是想找一份能够发挥自己能力特长的工作。虽然最后有11位BOSS给她留灯，并且她也如愿地获得了培训师的岗位，但是她的求职经历的确存在一些不足之处，值得我们深思。

孙杰求职意向是培训师、活动策划和总经理助理，第一意向是培训师。但是当BOSS问她的能力特长与哪些工作内容相符合时，她回答说策划和执行，但这并非她的第一意向。可见孙杰对自己能力并没有准确定位，她本次求职的目的是想找一份可以发挥她能力特长的工作，但是她自己所展示出来的能力特长却跟培训师的工作岗位不相关。

孙杰针对培训师这一目标岗位准备了一个演讲，用词很华丽，声音很动听，但是她演讲过程中的表达方式却存在很大问题，她没有第一时间摆明自己的观点，没有树立明确的主题，这一点让在场的BOSS产生了很大的质疑。在她信心满满地演讲完之后，严路说："请简单明确地说出你想表达的观点是什么？"最后她才把自己这段演讲的主题说出来。刘佳勇说，其实演讲之前就应该先明确主题，最后把结论说出来。

接下来，孙杰在介绍她对"三星中国行"兰州地区活动的策划方案时仍然体现出表达不精练的毛病，赘述太多，在介绍到最后时才提到策划案的亮点。她在最后提出该策划案的主题是通过手机看到最美的兰州，但是前面的铺垫太多了，怎样去实现这个设想还没有说出来。在"天生我有才"环节，孙杰介绍了她的PPT，人力资源专家翟娜说PPT仍然没有鲜明的突出观点。

可以说，面试进行到这个阶段孙杰还没有表现出做培训师方面的特长，除了她的爱好以外，似乎没有看到其他有说服力的内容。她的工作经历和表达能力较之一名真正的培训师所需要具备的能力还是有一定差距的。

要想成为一名培训师需要有一定的文化积淀和技巧支撑，要有足够的专业知识积累、深入的体验，还要掌握培训技巧。具体而言，做一名优秀的培训师需要具备沟通能力、组织能力、表达能力、表现能力、激励能力、控场能力、应变能力、影响能力，等等。

培训师的根本职能是传道、授业、解惑，而这就需要他们通过完美的表达把自己掌握的技能传授给受训者，并且还要确保他们能够很好地接受。因此，表达能力是作为一位培训师最重要的能力之一。言简意赅是一个好的培训师必须具备的表达能力，好的培训师能用简单的语言把一个复杂的事情讲明白。很显然孙杰并不具备这种能力，或者说她在求职现场并没有表现出自己的这种特长。

孙杰是一个很有能力的求职者，但是她的能力和她的求职意向并不吻合。在整个求职过程中没有把自己最亮的亮点表现出来，很明显，她是一个非常有潜力的求职者，有思想、有主见，在活动策划方面具有自己的优势，但是她对自己的定位是培训师，第一求职意向是想做培训师，她认为自己在辩论、演讲方面的才华可以从培训师这个岗位上发挥出来。刘佳勇也认为孙杰的个人展示没有跟求职意向对接："你瞄准的是培训师或者是总经理助理，但是你展示的是你的才艺——摄影，跟求职意向不相关。"

求职不同于个人才艺展示，求职者需要把自己与工作能力有关的才华展示给面试官，从而使面试官判断出他是不是具备这方面的素质和能力。而孙杰在面试中始终在纠结她自己喜欢培训师这一原动力，却没有认识到自己真正的能力所在。

求职者在选择职业时一定要弄明白自己为什么选择这个而不是其他，是出于喜欢、爱好还是因为自己有能力、能胜任。只有这样才能在面试中深入挖掘自己，有针对性地推销自己、展示自己，把自己的特长充分表现出来，让面试官对自己有一个更加全面的了解，从而提供最适合自己的岗位。

正如沈东军对孙杰的评价那样，她没有搞清楚想做的和能做的两者之间的关系。她想做培训师，喜欢在台前面对镜头和掌声，但是没有弄清楚这个岗位深层次的要求，也没有意识到自己真正的优势所在。

编者语：想做什么vs能做什么

理想和现实之间总是有一定差距的，想要的不一定能得到，得到了也不一定能驾驭得了。客观冷静地分析自己的个人条件和目标岗位需求，再问问自己的心，喜欢做什么？于是很多求职者会陷入彷徨，到底是选择自己喜欢的，还是选择适合自己的？

兴趣很重要，但是其他方面的素质和特长也很重要，如果能够找到一份既能够实现自身价值又符合自己兴趣爱好的工作无疑是上上之选。如果二者不能兼得，在求职过程中还是要谨慎选择。兴趣是可以变的，如果能把自己擅长的事变成自己感兴趣的事也是一种很不错的结果。

创业还是择业?

"毕业就等于失业",这句话虽然极端,但是一定程度上的确反映出当前大学毕业生就业压力之大。目前,高校扩招使大学毕业生人数居高不下,再加上不以学历取人的企业招聘方式,由此引起大学生就业等一系列问题,让大学生彻底丢掉了天之骄子的形象,摘下了鲜亮的光环,不得不面对巨大而激烈的求职竞争压力。在这种形势下,一部分大学生开始通过个人创业解决就业问题。

21世纪以来,随着我国经济体制改革的深入推进,大众创业开始成为这个时代的主旋律。大学校园可以说是半个社会。尽管如此,大学生仍然没有足够的社会经验,所以大学生创业需要得到全社会的广泛关注和帮助。当前,社会对大学生创业更加接受和认可,人们已经认识到大学生创业对于提高大学生就业率和维护社会稳定的重大意义。

在大学生就业问题越来越多地被全社会所关注的同时,大学生创业也逐渐成为一个热门话题。随着政府一系列鼓励大学生创业政策的出台,大学生迎来了良好的创业机遇,大学生创业者不仅可以得到学分激励,还可以申请得到大学生创业扶持基金和银行贷款的支持。

很多大学生在校园期间就开始创业,到毕业后继续沿着这条路发展；也有一些学生在校期间有过一些创业经历，但是在毕业后选择找一份稳定的工作；还有一部分徘徊在创业和就业之间，这种情况大有人在。在这个问题上，我们的建议是根据自己的实际情况而定，如果认为自己在创业方面的条件已经成熟，并且具备持续发展的实力的话，可以选择继续沿着创业的道路走下去。但是，实际上很多大学生创业者几年后都会走向失败或放弃。

目前，大学生创业成功的案例是比较少的，究其根本原因不外乎大学生社会经验不足、人生阅历尚浅。与那些在社会上摸爬滚打多年有市场和管理经验的创业者相比，大学生创业者无论是在项目创意、商业逻辑、市场经验，还是在团队实力、组织管理等方面，都无法与之匹敌。

因此，关于大学生创业，我们建议：为了避免使自己掉入创业陷阱，大学生应该在具有一定的实际工作经验以后再选择创业，这样将有助于提高自己创业成功概率。大学生在毕业后前两年可以进入一家正规的企业，一方面学习企业的经营管理模式，增加自己的社会经验；另一方面为自己将来创业打好基础。

非你莫属——求职故事再现

求职者姓名：丛明明

节目时间：2015年11月30日

最高学历：本科

就读院校：苏州科技学院，化学师范专业

求职意向：活动策划或销售类的工作

丛明明是一个很甜的妹子，23岁。在大学期间参与了许多校园活动，也曾在商场做过促销员，还有过一段在当地电视台做旅游节目的实习主播经历，今天来到《非你莫属》的舞台，希望找一份与活动策划或销售类相关的工作。

丛明明还自己做微商，销售蜂蜜、木耳、雪蛤之类的特产，从2015年1月份开始到现在大概发展了有100名她长期供应的客户，月收入4000元~5000元。

在校期间利用节假日做过手机促销的兼职，明明说自己在卖手机的过程中特别注意针对不同年龄的客户使用不同风格的语言，比如当老人走过来的时候，她会把自己表现得甜美一点，用一个晚辈的口吻去搭讪。为了能让明明表现自己卖手机的技巧，主持人特意安排了一个现场互动：

——与杜子建（扮演老爷爷）现场互动

明明：爷爷您想选购什么样的手机啊？

杜子建：国产的吧。

明明：那您看看这款怎么样，这款很适合老年人，字比较清晰，而且界面非常漂亮，很光滑。

杜子建：我老花眼什么字都看不清。

明明：没关系，它有一个特殊功能就是语音播报功能，按什么键都会有语音提示。

——与冯轶（扮演离婚的女人）现场互动

明明：姐姐您好。

冯轶：我不好。

明明：心情不好吗？

冯轶：正烦着呢。

明明：那您现在有手机用吗？

冯轶：刚摔坏，没手机用。

明明：那家人肯定很担心您吧，是不是应该选一部手机让家人不要这么担心，尽快联系上您？

冯轶：是要选一部手机。

杜子建给她的评价是：一是保持微笑，这是职场制胜最重要的法宝；二是说话有分寸，对不同年龄段的客户恰到好处地表达尊重；三是灵活应变，面对故意刁难反应非常迅速，灵活度跟得上。另外，明明的个人形象也很好，不仅是一个美女，而且非常有活力，亲和力强，这些都是做销售的优势。同样，明明的表现也得到了冯轶的赞赏，她认为明明针对客户的需求推荐适合他们的产品这一点值得肯定。

明明说她爸爸是做林蛙养殖的，每年出产的林蛙都会直接卖给收购人，利润不是很高。经过市场调研，她发现雪蛤是很容易被仿制的，市场上有很多假冒伪劣产品。因为雪蛤的保质期是有限的，传统销售模式存在一定的局限性，为此她想出了一个新的雪蛤销售方式，就是将它制成半成品或成品，然后利用微信提前一天进行预售。

刘佳勇："你的微商是你爸爸提供货源，你这个层级并没有设下级代理吗？"明明说由于她现在朋友圈的人数很有限，以后随着接触面积的扩大，也会考虑发展下级代理。但是这样的话就有可能涉及与本职工作冲突的问题，现场的BOSS对此也有所考虑，健康有益李宇欣："如果你今天找到工作你还继续在微信上做微商卖雪蛤吗？"

明明："我可能不会把主要精力放在这上面，但我认为我是一级代理商，也是帮助好朋友的一件事，我会继续做。"李宇欣对她说，随着朋友圈人越来越多，顺着这条线继续把微商做下去的话也是一个很好的发展方向；但工作以后你将不会有足够的时间和精力分配到微商上面，而且做微商还会影响到本职工作。

对于做微商是否和本职工作冲突，BOSS们也有不同意见，杜子建："我们的员工可以在公司里面做微商，这跟自己的本职工作没有关系，我觉得大部分公司可能会默许员工自己赚点小钱。"他认为企业没必要限制员工做微商，因为中国目前准从事微商的"90后"达到1500万人，其中80%都在职场，与其让他们悄悄地做，倒不如放开让他们做。但其他BOSS并不认同他的观点，可能杜老师的公司有特殊性，大多数公司对于员工从事兼职工作还是有限制的。

陈昊："我不知道大家知不知道微商的工作周期，微商不是说可以用下班后的业余时间去做，而是需要随时随地去做客服的，所以确实跟工作是有冲突的。"他认为明明现在有100多个固定客户，继续做微商必定会影响工作，因为她不可以要求客户只在晚上9点到10点联系。除了时间和精力问题，BOSS们对明明的担心还有另外一点，因为她骨子里对微商是向往的，如果不让她做的话她可能会选择离开公司。

韩虎："一个人的时间和热情是有限的，既然你在这家公司做，你就踏踏实实在这家公司做，如果你要去创业你就痛痛快快去创业，不要脚踏两只船。"

明明："既然今天我站在这个舞台上就是想找到一份工作全心全意地投入进去，实现我的价值，关于幻灯片以及我的微商经历，我是希望各位老板能够看到我在营销和销售方面的能力。如果老板说不可以我马上停掉，因为我有这个思路，我可以让家人去做这件事情，我有我的生活，我可以做我自己选择的工作。"

求职结果

企业：西默科技；薪资：5000元+/月。

丛明明在舞台上的表现是很不错的，求职意向与自己的能力特长也比较吻合，最后获得了9盏灯的机会。分别是西默科技、优胜教育、健康有益、金融一号店、美啦、福能集团、优曼集团、青松康复护理集团、华艺传媒。明明留下了西默科技和优胜教育进入 "谈钱不伤感情" 环节。

西默科技黄基明为明明提供的是：销售岗位，入职后有股权，还有福利房子，工作地点在上海；明明将来的发展方向是销售经理，负责苏州、南京方面的销售代表，并且以后还有机会管理公司的微商平台，发展渠道和代理商。

优胜教育陈昊为明明提供的是加盟连锁事业部的管理培训生，到南京分公司或上海分公司，去做未来学校管理类的工作。

明明最终选择了西默科技，她还是喜欢微商，而且工作地点比较满意。

经验之谈：创业经历可以作为特长辅助专业

丛明明的求职意向是找一份活动策划或销售类的工作。在校期间她曾经做过促销员和主持人，还通过微信售卖木耳、雪蛤、蜂蜜等地方特产。经过一年时间的努力取得了一些成绩，所以她认为销售是自己的特长，想通过自己做微商的经历展示自己的营销能力，并且以自己的微商经历辅助自己将来的工作。

明明在销售方面的素质和能力得到了在场各位BOSS的一致认可，求职现场她在情景模拟销售手机的环节，表现得非常完美，不仅受到了参与互动BOSS的认可，并且尹峰认为明明在给冯轶推荐手机时体现出来的情感关怀是非常值得肯定的，她通过对客户表达关心，从而发掘客户的需求，这是非常好的销售策略。

明明在产品销售方面的确是具有一定的能力的。BOSS们对她的微商经历也非常感兴趣。由于明明做微商取得了不错的成绩，现场的几位BOSS对明明将来的职业发展方向提出疑问。当李宇欣问她找到工作以后还会不会继续做微商，明明回答说会继续做但不会把主要精力放在微商上面。

对于明明的回答BOSS们不以为然，因为做微商可能会影响本职工作，尽管有部分企业可能影响不明显，但就微商的工作周期而言，与正常工作确实是存在冲突的，并非仅用业余时间就可以完成。所以BOSS们担心像明明一样对微商和创业有憧憬的求职者真正到了工作岗位上不能踏踏实实服务于企业。因此，韩虎给她的建议是：不要脚踏两只船。因为一个人的时间和热情是有限的，选择进入一家企业就要踏踏实实做好本职工作，想创业就直接去创业，不要一边工作一边做自己的生意。

面对BOSS们的质疑，明明也果断地表明了自己的立场，她说自己既然已经站在这个舞台上就是想找到一份工作全心全意地投入进去，实现自我价值，希望各位老板能够通过她的微商经历看到她营销和销售方面的能力，对于微商她会转交给家人来做，她可以做好自己的工作。刘佳勇："这个回答可以。"我们可以看出她在选择创业和就业方面是非常果断的，并且她的求职意向与自己的创业经历正好是可以对接的，可以帮助她在职场中更好地发展。因此，明明的这个回答得到了BOSS的认同。

通过丛明明的求职经历，她虽然在微商上面取得了一定的成绩，如果将来继续顺着这条线发展的话也是非常好的选择，但是她坚定地选择了求职。明明决定把自己的创业经历作为一种特长辅助自己的职业发展，最后她也如愿地获得了一份与微商相关的销售类工作，可以说她的决定是非常明智的。

编者语：不要急于孵化，等待创业时机

对于大学生就业和创业，我们认为都是值得鼓励的，无论就业还是创业都是一条非常好的通道，但是创业是需要时机的。对于刚毕业的大学生而言无论是社会经验还是商业经验都比较少；另外，大学生刚刚步入社会一般还不具备丰富的人脉关系，没有一个经得起考验的创业团队。因此，面对激烈的市场竞争和复杂的商业局势，大部分创业者会感到力不从心，失败的案例屡见不鲜。

急于求成的创业者是很难走向成功的，创业需要一段"孵化"的时间，大学生应该给自己一定的时间去学习，掌握创业所必备的知识和能力；另外，还要在真实的社会体验和工作体验中充实自己，丰富自己的人生阅历。

前途还是钱途？

求职者应该怎样看待薪资问题，选择有前途的工作还是有钱途的工作？仔细分析的话肯定是选择有前途的工作，只要有了前途将来也就会有钱途，而有钱途的工作不一定是有前途的。

一方面，工资水平高的工作岗位上升空间和所在行业的发展潜力不一定大。有钱途的工作尽管目前看上去工资待遇还不错，甚至比其他目标岗位要高出很多，但是在几年后将会产生较大差距，发展空间不足的岗位肯定是升职加薪的机会更少。

另一方面，求职者对于工作岗位的适应性也是不同的，步入职场后能否获得提升和发展关键在于其自身素质和能力能否与工作岗位相匹配，也就是说要看这个岗位是不是真正适合他。

然而，在现实中很多求职者在选择职业时往往会被眼前的利益所束缚，因此更加倾向于薪资水平更高的工作岗位，对自己将来的发展前途并不考虑太多。

随着物价水平日益提高，求职者对目标薪资的期望也相应提高，这是很正常的，因为求职者找工作的首要目的是要维持自己稳定的生活。求职者敢于要求合理的薪资待遇，在一定程度上也是对自己能力的一种肯定。但这并不意味着求职者在择业时一定要向"钱"看齐，在前途和钱途之间还是应当慎重选择。

过于看重钱途，薪资期望过高，对求职者将会是一种束缚，尤其对应届毕业生来说，更不要对薪资过于敏感，否则将会对自己择业造成限制。大学毕业生涉世未深，眼高手低，刚进入企业初期并不能给企业创造什么价值，反而是企业在投入昂贵的人力、物力、财力去培养他们。所以，他们更应该做的是积累工作经验，而不是计较薪酬。

我们建议求职者在选择职业时不应过分看重眼前的薪资水平，要选择一份发展潜力大的工作，能够发挥个人特长的工作。企业不会拒绝索要高薪的求职者，但是他们关心的是高薪背后工作能力高低和毕业生能为企业创造的价值大小。求职者不必太过计较岗位的起点薪资，因为企业对人才的需求也是非常饥渴的，为了挽留人才他们会不惜花费高成本。

喜欢"钱"本身并不是坏事，现在的大学生刚刚走出校门往往不一定能够确定自己未来的发展方向，所以有一点是可以肯定的，就是"钱"能带来一定程度的满足感。但是大学毕业生由于缺乏实际的工作经验，在找工作时不应把薪资看得太重，而是要把眼光放得远一些，找一份适合自己的工作，看到自己将来的发展前途。

非你莫属——求职故事再现

求职者姓名：刘蕾

节目时间：2014年3月2日

最高学历：硕士

就读院校：北京语言大学，语言学及应用语言学

求职意向：管理培训生、外贸业务员、英文助理及翻译

　　23岁的刘蕾是北京语言大学2014级的应届硕士毕业生，所学专业是语言学及应用语言学，本科期间她就读于本校对外汉语系，英语水平是专业八级。硕士研究生的时候做过翻译、对外汉语老师、主管助理，也做过英文的校对编译之类的工作。在《非你莫属》的舞台，她的求职意向是市场或销售方向的管理培训生、外贸业务员、英文助理及翻译。对于工作地点，刘蕾倾向于去南方城市发展，北方城市也可以考虑，前提是薪金能让自己满意，即不低于5500元每月。

　　戴科彬："其实你的专业或专长应该是翻译，为什么你求职的第一志愿是市场营销？"刘蕾说因为她喜动不喜静，翻译的工作环境比较单调，接触不到活生生的人，她内心并不是很享受这种类型的工作，而是希望去做一些能够与人接触、气氛更活跃一点的工作。

　　陈昊："刘蕾，我再给你一个选择，比如说教我们的孩子英语以你的能力应该没有问题，做这种个性化的家教拿到10000元以上是很正常的，如果给你这样一份高薪又能跟活生生的人打交道的工作，你会考虑选它还是选做市场营销？"刘蕾说她一时很难做权衡，对这两个都有意向，因为小孩子也是她很喜欢的。

　　陈昊继续追问她的职业规划，问她对自己的职业规划是以收入为结论还是以职业发展兴趣为结论。刘蕾说："我的第一导向是收入，因为我真的很爱钱。但是如果钱多的前提下还能找到一份适合自己内心向往的工作当然是最好的，两全其美了。"

　　戴科彬认为刘蕾的性格很适合去做销售，非常积极乐观。他说："我建议你去做销售，我不知道你有没有想过这个方向？你之前做过任何跟销售类似关系的工作吗？"刘蕾回答说自己做过促销，在学校附近一个华联超市做"小泡吧"非油炸薯片的促销。另外，她和同学合伙开淘宝店，销售一些项链、耳环、毛衣、围巾之类的女性用品。

戴科彬："我发现你特别会说笑话，做销售其实蛮苦的，经常会被别人拒绝，如果能够从中找到一种释放压力的方式的话会非常不错。"

慕岩："刘蕾，你这种'二'的精神其实特别好，因为现在销售行业其实很多人都是尔虞我诈，'二'的精神反而能把销售业绩做好。（思凯乐的）曾花10年前在西门子做销售就是像你这么'二'，结果她做到了西门子销售的第一，所以我特别鼓励你做销售。"

于文浩："刘蕾，待会儿也考虑一下慕总那边，其实我觉得你的性格挺适合当媒婆，不仅活络、热情、有喜感，还善于倾听，这两种性格特征结合在一起是比较难得的。""媒婆"现在叫"红娘"，"红娘"也是一种销售，所以于文浩也认为刘蕾适合做销售。

求职结果

企业：58同城；薪资：6000元+/月。

刘蕾最终获得了9盏灯的工作机会，分别是百合网、豆果美食、优胜教育、通灵珠宝、58同城、咖啡之翼、容易网、猎聘网、速8酒店。刘蕾留下了58同城和猎聘网这两家企业，段冬给刘蕾的岗位是上海、广州地区整合营销部的市场管培生，工资是6000元+；戴科彬给刘蕾提供的岗位是深圳地区的销售管培生，工资是4000元+。

整合营销部是新组建的部门，它负责拓展58跟当地线下合作伙伴的市场，实际上它是通过整合线下的市场资源使双方的利益最大化，可以从中获取自己应有的奖金，但不同于销售。可以说，58同城提供的岗位相对来说偏于职能型，而猎聘网提供的是销售岗位，工资结构是基础加提成的模式，工资水平与个人的努力和工作业绩是成正比的。经过考虑，刘蕾最后选择了58同城。

经验之谈：可以再看远一点

刘蕾的性格很"二"，但是在一些原则性问题上绝对不糊涂，对自己的学业她很认真，并且考上了研究生；谈到职业基本判断的时候，对企业的忠诚度也不会乱说。她具有女人身上罕见的幽默气质，以及年轻人身上少有的自嘲、乐观与务实精神，可以说她是一个很注重现实的求职者，但从她的求职经历中我们发现她似乎把钱看得比较重了些。

涂磊老师问刘蕾有没有梦想，她说好像感觉不到她最在乎的是什么。刘蕾说她的梦想就是做一个自己喜欢的行业，但是这个行业必须能给自己带来大笔的收入，这正好符合她在之前所说的，她很爱钱。刘蕾说她觉得销售市场就是一个不错的行业，因为收入和能力是成正比的。

戴科彬认为刘蕾的性格非常适合做销售，非常的正向、积极，而且最关键一点是她对钱有很强的渴望。因为销售业绩所换来的丰厚回报完全可以满足一个人对金钱的渴望，并且这种工作的投入和产出是成正比的，有多大能力，就能带来多少钱。

最后刘蕾选择了58同城而不是猎聘网，这与她的"实际"也有直接关系。陈昊说因为她不了解销售行业，所以，谁给她薪金更稳定她会倾向于选择谁。由此可以看出刘蕾不仅爱钱，还非常实际。刘蕾看重薪资水平本身也不是缺点，与其他大学毕业生相比，她显得很实际，不考虑长远的发展问题，而是注重现实、看重眼前。

对于刘蕾的"实际"，戴科彬说："我倒觉得这是南方人典型的踏实和务实的体现，有的人说在职场一定要有梦想，但是现在的大学生不一定知道自己未来的方向是什么。所以有一点是可以得到肯定的，就是钱能带来一定程度的满足感。"

涂磊最后说了一句"这姑娘实际得可怕"。实际上，对于职场新人来说，把薪金看得太重不一定有利于自己的发展。就像尹峰说的那样："刘蕾身上体现出的就是典型的'90后'的特点——足够接地气，足够务实，也不会想太远。"但是尹峰也认为像她这样高学历的求职者其实应该有更高的格局，想远一点，看远一点。

编者语：选对了岗位，离"钱"才更近一步

起点工资水平高并不意味着发展前途好，所以说，对于求职者来说薪资高低并非是最重要的，找到适合自己的岗位才是最关键的。当然，这也不是完全不考虑薪资问题，毕竟"没有钱是万万不能"的。大学毕业生的个人经济状况不同，对于前途和钱途的选择是有所区别的：

对于有经济压力的大学毕业生而言，首先要考虑的是解决自己的经济问题，因为工作的目的就是要让自己生活得更舒服，所以追求高薪职业对他们来说是最靠谱的；而对于没有经济压力的大学生而言则可能更多地考虑自己的发展前途问题。

另外，有明确职业目标的人往往选择符合自己的发展方向、有"前途"的工作，为实现自己的职业理想积累经验和人脉；而没有明确职业目标的人在择业时则倾向于选择一份有"钱途"的工作，因为金钱的确也是一种能刺激我们努力工作的动力。

笔者认为，前途和钱途都很重要，如果考虑到未来的发展方向，还是应该更加注重前者。任何一种职业在刚入门的时候都不可能会有很高的薪水，只有踏踏实实地专注于自己的本职工作，把精力放在提升工作能力和业务素质上面，不断提高自己的含金量。因为，当自己的价值越来越大的时候，工资也就会越来越高。

"就业"之后的"择业"问题

　　由于当代大学生面临的就业压力是非常巨大的，为了提高学校的就业率，增加大学毕业生的就业机会，现在很多就业指导专家或学生、教师或家长都赞同先就业后择业的观点。现在很流行的一句话是"骑驴找马"，在没有找到下一份更好的工作的时候，现在的工作就是最好的。我们无意于讨论这种观点是否合理，但是就解决当前大学生就业率的问题还是有一定积极意义的。这里我们想讨论的是先就业以后的择业问题，说直白点就是关于跳槽的问题。

　　关于跳槽我们建议"三思而后行"，在跳槽前要问问自己为什么要跳槽，确定自己是否理智，不要因为一时冲动、意气用事而草率决定离职。有人说员工离职跳槽不外乎两个原因：一心委屈了，二钱给少了。"心委屈了"一般是由于同事或者上下级之间的关系相处得不好。作为职场中人要学会适应环境，而不是逃避，如果因为自己的原因而无法适应眼前的环境，那么到了其他地方仍然会遇到同样的问题。所以，对这类人士我们建议再冷静冷静。

　　"钱给少了"就是指薪酬问题。对自身薪酬不满而跳槽的大有人在，其中有很多人是打错了算盘，犯了"近视眼"的毛病。因为他们选择离职或跳槽可能只是觉得当前的工资待遇达不到期望值，而没有考虑过这份工作以后的发展潜力以及几年后薪资水平的变化。

跳槽已经是一个非常普遍的现象，对于有些人来说，跳槽是一个非常好的机会，跳得好意味着离成功更近一步。但是对于职场新人而言，应该把重点放在提高自己含金量上面，即便工资确实很低，也不要急于跳槽。有经验、有能力、有阅历之后再跳槽才能体现出自己的价值，否则，跳来跳去薪资水平还是原地打转，反而有可能会影响自己职业发展的连贯性。带着你的"金子"跳槽，也正是说明了这个道理。

此外，企业员工跳槽还有一个重要的原因，就是"围城定律"的影响。职场就像是围城，里面的人想出去，外面的人想进来。一般而言，沿着原来的行业路径跳槽的话会相对容易一些，毕竟工作经验的积累也是一个人含金量的重要表现。

有些人在一个工作岗位上一干就是五六年甚至七八年，自己的职业生涯似乎已经到了最顶端，再发展下去也没有什么上升空间了，于是就想换一个行业尝试一些新鲜刺激的东西；也有的人想跳槽到别的行业是因为工作几年后觉得自己所在的行业已经不再具有美好的发展前景，为了追求更大的发展空间就想换到一个朝阳行业里面。

换一个行业重新开始谈何容易，换一个行业等于放弃了自己多年的职场经验积累，放弃了自己的竞争力，使自己的职业生涯又回到原点。即使你可以接受企业把自己当作新员工一样从基层开始做起，可是你能接受职场菜鸟一样的工资水平吗？而且还要考虑一家老小的生活问题。所以，一般情况下，放弃一个自己熟悉的行业不是明智的选择。况且跨行业求职的难度也很大，企业在选人时也会考虑员工进入到企业以后的可塑性，他们宁愿要一张白纸，也不愿意要一张与自己企业色彩不协调的彩纸。

非你莫属——求职故事再现

【这个案例我又看了一遍，我觉得挺合适。刚开始求职者的目标岗位是现场没有的，但是他在求职中临时又改变了求职意向，并且在主持人和BOSS的一再建议下，他仍然执意改行，想做运营督导和培训师。不想当司机，即便是暂时当也是为了将来做管理。最后他没选，可能也是听了BOSS的话想通了。】

求职者姓名：王彦民

节目时间：2015年5月17日

最高学历：大专在读

就读院校：天津交通职业学院，汽车检测与维修新能源专业

求职意向：培训师、运营督导或者和专业相关的岗位

王彦民是内蒙古人，今年41岁，就读于天津交通职业学院汽车检测与维修新能源专业。王彦民自1993年下岗之后做过很多生意，也从事过很多行业，由于感觉到学历问题给自己带来的限制，所以在2013年他和儿子一起参加了高考，并且如愿地考上了。来到《非你莫属》的舞台，他想寻求培训师、运营督导或者与自己专业相关的岗位。

涂磊："你今天来应聘的是技术培训师和司机，你所指的技术培训师是干什么的？"王彦民说自己的求职意向是汽车检测，但是涂磊告诉他在这个舞台上没有招汽车维修的，所以他又把自己的求职意向调整为培训师和技术培训师。

叶子隆："你的第二个职业意向是司机，你有没有做过专职司机的经历？"王彦民说自己没有做过专职司机，但一直在从事这个行业。

段冬："王师傅，其实你有7年的修车经验，同时还有汽检专业毕业的大专学历，现在汽修的人才非常缺乏，你找工作非常容易，为什

么到《非你莫属》来找？"王彦民："2010年开始偶然接触这个节目，我感觉挺靠谱，我想给自己多争取一些机会，汽修和司机是我一直从事也比较热爱的岗位，但是我一直认为自己有一定的能力从事其他的工作。"

陈昊："除了技术培训师和司机之外别的岗位你考虑吗，比如销售你接受吗？"王彦民说他不考虑做销售，因为觉得自己的性格不适合，他倾向于做岗位运营督导。陈昊对他的评价是："落花有意，流水无情。虽然你想转行，但是未必其他的行业适合你。因为你不具备符合这些岗位的基础知识和能力，不能拿性格说事儿，如果每一个岗位不看技能只看性格，那招聘就变得太容易了。"

面对陈昊的质疑，王彦民坚持认为自己有一定的技能，他认为自己了解运营督导这个岗位，就是首先要掌握公司运营的方式和特点。但是陈昊认为"这是一句多余的废话，如果针对具体的岗位的话，比如作为一名连锁的运营督导需要具备哪些职业素养？"王彦民说："这个我确实不知道，选择运营督导，我就认为自己性格合适，负责任、踏实。"但陈昊告诉他："所有的工作都需要负责任，这些都是基础的职业素养，人品好不代表你能胜任所有的工作。"

陈昊："司机岗位在现在这个社会里对于企业来讲越来越重要了，比如说我个人就离不开司机，我觉得如果想有效利用老板的时间为企业创造更多的价值，司机起着决定性的作用。"对此陈昊还专门给他普及一个基本知识："以你的年龄和你的学历背景去当管培生的可能性太小，所以你接触企业的角度如果是司机就太好了，因为在老板身边可以接触到企业的全貌，而且司机本身是一个很重要的岗位。"王彦民说他同意陈总的观点，他认为在短时间接触中不能了解一个人，自己也可以从司机入手再找机会。可见对于当司机他并不情愿，他还是非常的矛盾，他并非无意要当司机，或者说司机是他的下下之选。

慕岩："你以前做了11年的汽车维修，不要轻易放弃，又是汽车维修的大专生，为了这个您复出参加高考，马上就要毕业了您怎么可能忍心去做司机呢，至少你的这种技术积累，以后长期发展下去可以变成技术培训。"

在经过一番交流之后，涂磊说王彦民内心很矛盾，所以又给他重新确定了一下求职意向。面对各位BOSS真诚的建议，王彦民的求职意向并没有动摇，徐睿把他的求职方向做了一个排序："第一是培训师；第二是运营督导；第三是与自己专业相关的工作岗位。"他仍然不想选择自己的专业方向，而是把它放到了最后。

求职结果

谢谢再见。

王彦民最后获得了4盏灯的机会，它们是美尔目眼科、咖啡之翼、金约应人工关节、优胜教育。

美尔目眼科：司机，接送国内顶级的眼科专家，就是公司的事务司机；

咖啡之翼：物流供应部专员；

金约应人工关节：质量体系监督部门监督员；

优胜教育：投资部总监的专职司机。

王彦民留下了美尔目眼科和咖啡之翼这两家企业，叶子隆和尹峰给出的薪资都是4000元+，符合他的最低薪金，但是这两家企业给他提供的岗位都不在天津，王彦民最后选择"谢谢再见"，因为他和爱人都在天津，感觉自己不适合在北京发展。

经验之谈：不要轻易选择换一个行业

王彦民是一个特别上进、特别努力的人，在自己已经40岁的时候还去参加高考，这种学习的精神和进取的精神在职场当中是非常可贵的。但是他对自己的职业规划其实是比较模糊的。在《非你莫属》的舞台，想找培训师、运营督导和与自己专业相关的工作岗位。虽然汽车维修和司机这两个岗位是王彦民一直以来从事并且熟悉的岗位，但这并非他的主要求职意向。

陈昊认为王彦民目前不具备做运营督导和培训师的必备条件，这些基础条件也不是一朝一夕能够学到的，以他这个年纪也不适合再做管培生。所以，他如果想转行的话最好从司机入手，既可以跟在领导身边学到知识，也可以接触到企业全貌，是一条比较不错的捷径。

煜隆集团杨定平："你在汽修行业这么长时间，你的年龄也这么大了，不要轻易改变你的行业，我早期是一个木工，我现在在接触互联网金融，有些东西是你逐步在你的行业里面转变出来的，40多岁不要轻易改变你的行业，在这个路上坚持下去。"

张静薇："你用了20年重新做了一次职业规划，仍然选了你很喜欢的专业，我觉得你不要轻易地做一个司机，既然成为了一个受过高等教育的高级技术人才，你要在这个道路上坚持。"张静薇认为王彦民应从技术方面发展下去，放弃自己的大专学历和多年的汽修经验当司机不划算。

很显然，现场的BOSS对王彦民转行的意向并不支持，他们认为彦民应该继续坚持自己熟悉的行业，坚持自己的专业方向或者继续从事司机这个岗位。尽管BOSS们对王彦民继续从事司机还是从专业技术方面发展存在着不同意见，但他们都一致认为到了他这个年龄再转行的话并不容易，而且放弃自己多年积累的经验优势也是很可惜的。

王彦民的第一意向是做培训师，但他没有做过培训师，只是在中专院校担任过汽车实训维护和动手能力方面的兼职老师，在这之前还做过7年汽车配件和修理。其实以他以往的汽修经验和大专学历，找工作非常容易，因为现在汽修人才十分紧缺。另外，司机这个岗位现在要求也是非常高的，对于王彦民来说，如果想转行的话也是一个很不错的跳板。

但是他却想放弃自己的优势，寻求其他方面的工作机会，因为他认为自己有这个能力。能力不等于品质，品质好不一定能胜任工作岗位。王彦民以为自己有能力做运营督导仅仅是由于自己性格好、负责任，这在求职中是没有说服力的，因为任何岗位都需要负责任。

面试一开始，王彦民说自己的求职意向是技术培训师和司机，但是后来又说其实自己在其他方面也具备一些能力，他想做运营督导。但是他除了在自己的性格方面有信心以外，其他方面的素质和能力都比较缺乏。王彦民又说自己可以接受司机但是把司机作为下下之选，他不想做最基础的司机，但是又说可以接受做老板的司机，目的是为了以后转行。

王彦民在40岁时毅然决然地去参加高考上大学，马上就要毕业了却想转行做其他事情，所以在场的好几位BOSS都建议他在这个年龄不要轻易转行。最后他获得了4位BOSS的留灯，但这绝对是他的精神和性格打动了现场的BOSS，而不是凭自身的技能和职业水平。虽然有BOSS给他提供了转行的机会，但是他放弃了，他表示认同BOSS的建议，放弃自己的专业有点可惜，以后会尽量找适合自己技能方面的工作。

编者语：行业也是围城，跳出来不一定会满意

我们并不反对转行，但是转行一定要慎重。如果是刚步入职场三五年的年轻人或许还有一定的优势，因为尝试一个新的行业需要投入很大的精力去学习和适应。但是对于那些年龄较大，并且在某些方面已经具有一技之长的人来说，选择转行就不太明智了。转行成功的案例也不少见，通过转行给自己带来巨大成功的创业明星可能会给一些打算转行的人提供可借鉴的经验。但是成功的经验要想复制谈何容易，他们在某些方面的过人之处以及他们的付出和积累也不是常人所能及的。

跳槽穷半年，转行穷三年。不要轻易尝试另一个行业，就像不要执着于走出围城那样，外面的环境不一定适合自己。隔行如隔山，每一个行业都有自己的特点，放弃自己原来的积累和优势转行到其他行业，想要做出一些成绩来一切都要从头开始。对于求职者来说，相当于把自己重新变回了职场小白。我们之所以总是认为其他行业比较好，是因为我们对这个行业不了解。无论哪一个行业，只要认真去做都能学到知识和经验，在哪一行坚持久了都能干出成绩来。

小 结

每当求职季来临，各行各业招贤纳士的广告铺天盖地，求职者究竟应该选择哪一行来发展呢？ 本章从择业方面为求职者提供了一些指导意见和建议：

第一，求职者在选择职业时应当问清楚自己到底想做什么，要明确目标，还要找到合适的方法，不要南辕北辙成为求职路上的迷途羔羊。

第二，在面试中，面对招聘企业抛来的橄榄枝要敢于表达自己的意愿，面试是一个双向选择的过程，求职者也有权利选择自己喜欢的企业和岗位。

第三，选择目标岗位要谨慎，正确评价自己的能力，不能高估自己，选择自己能够胜任又能够提高自己的岗位。

第四，兴趣是求职者在择业时非常重要的影响因素，但是别让"兴趣"限制了你，可以根据自己的实际情况适当地拓展求职宽度。

第五，大学生创业要等待时机，在孵化时机未到的时候可以把自己的校园创业经历作为特长辅助自己的专业发展。

第六，选择职业应考虑发展前途问题，不要只顾眼前薪资高低，找到了有前途的工作，钱途才会更好。

第七，就业竞争激烈，先就业再择业成为一部分求职者的首选途径，关于"就业"之后的"择业"问题我们建议不要轻易选择换一个行业，丢掉自己的经验和积累改行是很不明智的。

职场弱水三千，并非每一个行业、每一种职业都适合自己，想好了、看准了再做决定，找准了方向、用对了方法，离成功就近了。

| 第三章 |

对付老谋深算的考官，需要身怀绝"计"

面对质疑要以不变应万变

面试中遇到质疑是很常见的事情，因为企业在选拔人才时其实是一个"挑剔"的过程。运气好的求职者可能会遇到比较含蓄、比较谦和的面试官，无论成功与否都会一帆风顺；但是有些求职者比较点背，在面试时可能会赶上质疑型的面试官，一开口就说错话，简直无地自容。

有些质疑是面试官刻意安排的压力面试中的一个环节，在这种面试中求职者每次的回答都可能被面试官抓住把柄，在接连不断地遭受到打击后求职者很容易失去面试的自信和勇气。这种面试往往能考验一个人的抗压能力。

当然也不排除有一些面试官与自己犯克，从一开始就被面试官批评得体无完肤。比如在你满怀自信地讲一段让你引以为傲的经历时，想不到面试官一盆冷水倒过来让你备受打击；而在谈到你的缺点和失败的经历时，面试官却纠缠不休，一连串的攻击让你应接不暇。

面对这样的打击，求职者一定要保持冷静，认真分析当前的形势，判断面试官质疑的意图是有意要考验自己还是因为自己没有解释清楚。如果是作为对自己抗压能力的测验的话，求职者需要运用机智、巧妙的回答给予回应，如果是由于自己没有解释清楚那当然是要耐心地给面试官分析情况。

有时候求职者遇到的面试官可能会由于个人价值取向的原因，对求职者的某些经历感到无法理解，所以在求职者费尽心思地经过几番辩解后仍然没有效果，甚至有可能因为用词不当上升到质疑人品的程度。在这种情形下，求职者往往会处于极为被动的地位，既不能一言不发，让面试官认为自己默认了事实；也不能反应过激，给面试官留下承受不了挫折的印象。

面对这种局面，求职者应当义正词严地为自己辩护，但是不要表露出自己的情绪，身正不怕影子歪，要沉得住气。然而，面试官也有不公正的时候，如果面试官的确言辞过分，对求职者的人格尊严造成侮辱，那么大可不必考虑情绪问题，在不失礼节的前提下，应当勇敢地捍卫自己的尊严。

非你莫属：求职故事再现

求职者姓名：薛飞

节目时间：2015年7月27日

最高学历：本科

就读院校：黑龙江大学，环境艺术专业

求职意向：平面设计类

薛飞与其他应届大学毕业生一样，来到《非你莫属》的舞台也是为了找到一份理想的工作。他毕业于黑龙江大学，所学专业是环境艺术。求职意向是平面设计类。比较特别的是他在大学期间有过一段当雷锋侠的经历。由于看了一部电影《雷锋侠》，为其中的故事情节所动，于是自己就搞了一套雷锋侠的行头，在学校里做好事帮助别人，所以他在学校很出名，这件事也被中央电视台和东方卫视报道过。正是由于这段特殊的经历让他在面试中饱受争议，他这种大张旗鼓助人为乐的方式让BOSS团褒贬不一，引起一场口舌之争。

涂磊问他为什么要扮成雷锋侠，薛飞说："刚上大学我如果穿上这身衣服无偿地做一些好人好事，我不就在大学里能玩得风生水起吗？"当雷锋侠期间，薛飞主要帮助同学买饭或取快递，在大二时有过一次打退流氓、英雄救美的经历，因此还得到了女孩的表白。一开始薛飞就是想为同学做一些无偿服务，做一些简简单单的事，但是后来由于受到社会媒体的宣传，导致很多人质疑他炒作。到大三的时候他意识到穿那身衣服对他未来的生活是一个包袱，于是他不再穿了。

薛飞的PPT中提到，他在大学期间没有认真上课，但是从没挂过科，并且获得过三等奖学金。这不得不让人怀疑他买通了老师，没想到他自豪地说这可以证明自己的办事能力。他总结了四步："言之以情，动之以理，以个人形象和能力为媒介，以经济流通作为手段。"薛飞非常自信地讲述他过去的辉煌经历，没想到这句话引起了现场BOSS的强烈反应。

沈东军："他其实就是一以贯之的，包括前面学雷锋，所谓的雷锋侠只是为了炒作，并不是出于他内心。刚才你和老师之间的这种公关，其实是为了你的这种目的，我觉得这是一种很可怕的事。"

薛飞："首先我本来是想在学校里玩得风生水起，没想到能受社会媒体的宣传才导致自己出了名，我个人认为实际上这个被宣传是值得的，是应该的。我国向雷锋同志学习意在学习其精神，意在学习其行为，我到最后脱下了它依然践行其行为。"

薛飞的解释没有得到沈东军认可，他坚持认为薛飞在混淆逻辑，认为他装雷锋侠不是出于真心为人民服务而是炒作自己。薛飞坚持说他自己到最后也是在真心实意做好人好事，但对于薛飞的过去沈东军依然纠缠不放。

王玉泉："我得出的结论是有一定危险的投机主义在里面，很多事情你想逐利或者逐名，想要获得自己的利益，这其实是挺危险的想法，有投机主义。"陈昊对薛飞说，他们的质疑来自于他参加了好几档电视节目：《非常了得》《东方直播室》《都市爱情》。薛飞说自己之所以参加电视节目是因为他们答应报销食宿费，还会给一点钱，然而到现场发现很多事情身不由己。

> 王玉泉
> 金融一号店
> CEO

王文钢："薛飞，你这句话说得特别不诚实，节目要求你去做专访，你说你就为了这点钱特别开心，谁不知道上省级卫视做个专访是什么意思，我越来越觉得你在讲故事。"薛飞承认自己上节目也有为了出名的成分，但王文钢认为薛飞把核心掩盖过去了，对他大加质问。

> 王文钢
> 优曼家纺创始人
> 总裁

对于王文钢的质问薛飞仍然很理智地解释："我从节目一开始就对各位老板和观众朋友说，我当时选择做雷锋侠是想在学校里风风火火地过完丰富的四年。我在大三的时候就想明白了这件事情，身体力行地做我自己能做的事情，做人要问心无愧。"其实每个人在社会中都扮演一个角色，只要不伤害到他人，又能保全自己，就做得非常成功。这本来是一件"仁者见仁，智者见智"的事情，然而薛飞的话被一些BOSS抓住了把柄，由此展开了一场激烈的口舌之争。

BOSS团口舌之争：

尹峰："我觉得作为一个年轻人他想与众不同、特立独行而引起注意这还可以，这几年他还真的付出了很多。如果你认为你真的是在帮助别人没有带来任何伤害的话，你就坚定地相信自己，不要怕任何质疑。"

耿乐："我跟尹总的观点有点相似，我觉得薛飞挺真实的，也做了很多好事，无非就是有一点年轻人那种虚荣、小聪明。"

陈昊："我觉得我干这事我也讲的满处都是，一样的我们都是，有些人你让他出名他还不愿意做好事呢。"

沈东军："他其实在演和不演之间摇摆，请问做好事你为什么要穿雷锋侠的衣服，所以我觉得他在价值观当中还是摇摆。如果你真的想做好事你不需要穿雷锋的衣服，也不需要告诉别人，你就默默地做就是了。"

陈昊："我讲良心话，我捐个款我还要证呢，给自己留个凭证不行吗？他还是个孩子，想让人知道而已。如果雷锋还在雷锋也会留电话。"

沈东军："他没必要穿着雷锋的衣服，当他穿着雷锋的衣服时就变成了表演，变成了行为艺术。"

陈昊："这说明他把做好事冠以了品牌营销行为。我认为处于一种故意的表现才去做好事，当没有这样表现机会的时候他往往就不会做好事，所谓的浮夸就是这样。"

耿乐："我们问一下沈总，今天你穿这身衣服，你戴了一个勋章，有没有表演的成分？"

沈东军："我这个勋章是因为我长期努力为钻石行业做出贡献。也就是说我坐在这里有作秀的成分，我告诉大家我就是在作秀。但是我没有必要去装这样一件事情。"

陈昊："你要是不戴的话谁知道呢？"

薛飞："我如果能将自己曾经宣传成功的话，我连我自己都能控制得了，我还控制不了别的吗？然后再说一下刚才炒作质疑，我一直在说那是两年前的事，你们明明是老板为什么要纠缠一个小孩两年前的事情不放呢？"听到现场几位BOSS对他的质疑，薛飞情绪非常激动，在主持人涂磊的提示下他很快控制了情绪。

但是无论薛飞如何解释王文钢仍然抓着不放，说他："两年之后你依然选择用电视招聘的方式，而不是踏踏实实地走在社会中。"显然有点有意为难的意思，正如慕岩老师说的那样"你还用这种方式招聘呢"，这不能说是求职者不踏实。

慕岩："我现在非常讨厌王文钢和沈东军用道德大棒来打你，我觉得新的时代要有新的价值观，做好事不留名非常好，做好事留名也很好，但别人不能质疑你说是为了留名做好事。而且退一万步说，哪怕你为了留名做了很多好事，我觉得也很好。就像很多企业去捐款，最后都要说把我的企业在新闻上报出来，这有什么错吗？你们去质疑一个小孩，无聊！"

求职结果

企业：优胜教育；薪资：5000元+/月（试用期）。

薛飞在面试中饱受质疑和争议，但是最终他仍然获得了8盏灯的工作机会。

优曼家纺：公关或市场传播方向，新的珠宝首饰项目的市场宣传主管；

优胜教育：加盟连锁事业部管理培训生，输出方向是品牌营销及市场活动策划；

咖啡之翼：管理培训生，往市场方向发展，尤其是熊样儿项目；

58同城：营销方向管培生，工作地点全国27个城市可以选；

通灵珠宝：工作岗位是法国乐朗葡萄酒微商的市场专员；

煜隆集团：集团旗下的家居电商品牌"雅堂之家"线上推广专员；

福能集团：PVGO新媒体事业部的总监助理，工作地点在北京；

Blued：淡蓝公益项目策划和执行公益的工作，工作地点在北京。

薛飞选择了优胜教育和福能集团进行竞价，优胜教育提供的待遇是5000元+/月（试用期）；福能集团是6000元+/月。

薛飞问两位BOSS看上他哪一点了，刘佳勇说看重的是他的才华："策划能力很强，其实你是有表演天赋的人。今年我们和黑龙江省团委有百场校园行，重点在黑龙江进行。所以你回当地加上你过去的策划一定会把这件事干得特别好。"

陈昊对他的评价是："做事关注结果，虽然结果不能预料，但是你是结果导向的人更适合做管理；做事善于组织人，善于把人的问题提前设计好，这两点决定了你是未来非常优秀的管理者。"

最后薛飞选择了优胜教育集团。

经验之谈：身正不怕影子斜

综合薛飞在整场面试中的表现，我们可以看出他是一个很理智的求职者。通过薛飞在大学期间扮演雷锋侠将自己宣传成功，在大学校园玩得风生水起，在活动策划方面也确实具备相应的能力。

在饱受质疑时一定要保持冷静，控制好自己的情绪，努力去为自己作解释。在案例中，薛飞受到沈东军和王文钢等BOSS的质疑，他不止一次地表明自己的立场，对自己两年前的行为已经有所醒悟并及时纠正。这是非常值得表扬的，他表现得非常理智、冷静，而不是气急败坏或者被打蒙。

面对BOSS们喋喋不休的争论和质疑，薛飞情绪非常激动，在主持人涂磊的提示下他很快控制了情绪，说出一番慷慨激昂的话："我如果能将自己曾经宣传成功的话，我连我自己都能控制得了，我还控制不了别的吗？然后再说一下刚才炒作质疑，我一直在说那是两年前的事，你们明明是老板为什么要纠缠一个小孩两年前的事情不放呢？"薛飞最后的解释仍然没有平息这场口舌之争。

王文钢仍然抓着薛飞不放："两年之后你依然选择用电视招聘的方式，而不是踏踏实实地走在社会中。"显然有点有意为难的意思，正如慕岩老师说的那样，"你还用这种方式招聘呢"。参加电视节目求职难道可以说明一个人不踏实、不靠谱吗？

现场某些BOSS与薛飞本人的价值观有冲突，这本来就是一件见仁见智的事，每个人有自己的看法这很正常。无论做好事留名还是不留名都不应该遭受质疑，哪怕是为了留名做了很多好事，也是值得表扬的。然而有些BOSS认为这是炒作，也不无道理，在装和不装之间难以有个定论，但是在薛飞已经解释说自己两年前已经想通了这个问题以后，仍然被纠缠不放，显然火药味已经很浓了。这显然已经由质疑上升到了故意刁难。

涂磊说了一段非常经典的话："别人说我装，我说我不装，他说不装也是一种装，我装还是不装。在这个问题上，第一，只要是做电视，只要是一个人走在外面旁边有人看着，有谁没装过？其实谁都装，只要这种装成为习惯，可以引导你向上这就没有问题，只要不装得太言过其实、华而不实就够了。第二，只要镜头存在一定会有虚伪，要不然我们干吗穿这么漂亮站在这里。"

在本案例中薛飞作为一个有特殊经历的人物来求职，无端被扣上炒作自己的帽子，笔者认为这是BOSS的个人偏见。

首先，他过去的经历只能说明他过去行事的高调，但无论有什么炒作的嫌疑，毕竟他是在做好事，这是值得鼓励的。就像慕岩老师所说，现在很多人你让他出名他也不一定愿意做好事。其次，薛飞不止一次地解释说那是自己两年前的做事风格，现在已经想明白了，踏踏实实做回自己。但是BOSS仍然抓着他的过去纠缠不休，甚至把他今天来到《非你莫属》求职看作是炒作自己的方式，显然已经是故意刁难了。

面试官的评价也不一定是权威，面试官的价值观也有极端和偏激的时候，在这种情况下求职者本人也是非常被动的。面对现场几位BOSS对他曾经的辉煌经历大加质疑的时候，他在反驳时仍然能把情绪控制得恰到好处，既维护了自己的立场又不失礼节。

总之，薛飞在面试中的表现是非常值得肯定的，虽然他饱受质疑，甚至遭到BOSS言辞犀利的刁难，但是他仍然顶住压力控制住了情绪，不卑不亢地为自己做辩护，并且以有理有据的言辞赢得了8家企业的留灯机会，最终获得求职成功。

编者语：不要急于辩解，以退为进

"人不知而不愠，不亦君子乎？"在别人不理解自己的时候，也不要生气，不要表现出怒色，这样才是真正的君子。求职者在面试中遭受到不理解时，一定要稳定情绪，不要丧失理智。

对面试官连珠炮似的发问最有效的方法就是以静制动，等他把该说的都说了你再有理有据地说明自己的观点，摆明自己的立场。如果可以幽默化解的话最好不过了，但是有些情况下面试官的提问掺杂了个人情感在里面，非常尖锐，大有置你于死地的意思。

这时急于辩解只能让自己陷入更加复杂的境地，如果不慎表现出急躁的情绪，还可能会引起面试官又一轮的攻击。所以求职者面对这种局面不要急于辩解，最有力的武器就是淡定，以静制动，以退为进。如果自己乱了分寸那么就彻底无望了，只有冷静地应对才有胜算。

左右逢源还是四面楚歌

　　面试实际上就是招聘方通过与求职者面对面交流，对求职者外在的言行举止进行考量，从而在一定程度上透视出他们的学识水平、修养程度以及性格特征等内在品质的过程。在面试中，求职者的每一句话都有可能改变面试官对其的评价和判断，从而影响面试结果。

　　我们不主张在面试中说谎、弄虚作假，然而必要的修饰还是要有的，就像女人在重要场合一定要化淡妆一样，既得体又美观。我们不能说化了妆就是伪装吧？只是在原来的基础上修饰得更漂亮。诚实固然可贵，但诚实并不是要求我们把事实原封不动地说出来，在不改变实质内容的情况下，一些无关紧要的或者对自己面试不利的细节可以省略不说。职场不是生活，面试场也是战场，善于包装自己很重要，有些话应该说得更漂亮。有这样一个寓言故事或许可以让我们更加清楚地了解讲究说话的艺术是多么的重要。

　　从前有一个财主，老来得子，非常得意。在孩子生日那天，邀请所有亲朋好友前来庆祝，财主问其中一位客人："你看这孩子将来会怎样。"那位客人说："这孩子将来能当大官!"财主大喜，给了赏钱。财主又问第二个客人同样的问题，客人说："这个孩子将来要死的！"结果第二位客人挨了一顿乱打。

这个故事很简单，但是寓意深刻。很显然，第一位客人是有意恭维，说的并不是真话，将来会不会当官也不是他说了算，但那时财主就是高兴，就是愿意听，所以那位客人得了赏钱。第二位客人虽然说的是实话，每个人都有生有死，肯定不可能长生不老，但是谁也不愿意面对死亡，何况是在财主的老来子生日宴会上，真不该说出那样的话。但是真正的职场是非常复杂的，不单单是会说好听话就一定能左右逢源、游刃有余。一定要记住，"金无足赤，人无完人"，不要太急、太精、太现。任何人都不是完美的，也不可能是完美的，越想表现得完美反而会越描越黑。

在职场中求得生存和发展需要我们具备处理人际关系的能力，一味地表现自己而不顾及周围同事的感受必然会遭到孤立。除了要把话说得漂亮一些外，在做事方面也应尽量使自己与同事之间的关系融洽、和谐。然而，这种能力不是每个人都能掌握的，做得好了叫左右逢源，做得不好了叫作投机，反而会让自己陷入四面楚歌的境地。

面试官都是阅人无数的"老江湖"了，什么样的人物都见识过，求职者在他们面前就像洋葱一样被一层层剥开，所以越是想左右逢源越是被分析得裸露、彻底，在面试中坦诚一些未尝不可。

非你莫属：求职故事再现

求职者姓名：李亚峰

节目时间：2014年3月23日

最高学历：本科

就读院校：海南大学，农学专业

求职意向：销售类或者是管理类

李亚峰，河南人，即将毕业于海南大学，专业是农学，在校期间有过一些兼职和销售类的工作经验，求职方向是销售类或者管理类。李亚峰是2014年3月"'90后'北漂求职季"的选手之一，在第一章中我们分析过他的面试形象，下面是对他在面试中语言表达方面的分析。

黄健翔："有没有行业选择？"

李亚峰："有，但是暂时不说。"

在面试场合，主持人问到他的求职意向他避而不答，于是徐睿老师提醒他说："在面试的过程当中你最大的问题是有杂念，你说出每一句话的时候都在考虑对方的反应到底会是什么。你刚才一上场就犯了这个毛病，我必须提醒你专注地回答问题。"

姚劲波："通过这个工作你有什么得失，你觉得你学到了什么？"

亚峰："第一，跟我的小伙伴沟通的时候就有点强势，当时我就意识到了让他们很不舒服；第二，就是在工作过程中比较急躁，我的指导老师给我一个任务的时候我想都没想就去执行，可能这个任务我根本就不可能完成。"

> **姚劲波**
> 58同城创始人
> CEO

段冬："其实在第一个环节'无领导小组讨论'（在无领导小组讨论时，面试官所要观察和评估的是每一位选手的个人素质和能力以及对小组做出的贡献，从中选出各项指标都比较高的人，进入下一个环节）的时候他的得分是最高的，他首先承接了带领大家来讨论这样一个角色。但是，在过程里边显得过于急躁，他觉得自己应该在这个时候表现一下，没有征求其他小组成员的意见，我觉得这是一个瑕疵。"

面试刚开始时矛盾的焦点就集中在李亚峰处理人际关系方面的瑕疵上，陈昊认为他是由于性格上的自负，并认为这是"90后"想得到认可的表现。这部分在第一章里我们已经有所介绍。这时观察员徐睿给大家描述了在5天的求职体验中，李亚峰在这个集体中从最初的核心到后来被迫边缘化的过程，其中很值得研究的一件事是，第五天的时候李亚峰没有遵守和小伙伴之间的约定去同一家公司面试，而是中途退出去了聚美优品。

亚峰："第一，因为我来的时候准备不充分，只有一身衣服，我意识到我这一身衣服今天不适合来这个公司，即使面试我肯定面不上；第二，我本身就是想去聚美优品应聘那个岗位，虽然大家一直说你就过来吧。来之前我就跟小伙伴说，如果今天应聘失败我一定会去聚美优品。"

于文浩："他没有说出自己心里面真实的想法。亚峰，你在做任何事情的选择时有非常严重的投机心理，就是说这事儿怎么最靠近我要的成功我就先怎么来。你要让我来判断你的话，你去聚美优品这件事儿就是为了能够跟他们减少竞争关系，能够增加你的成功率，但是你不愿意说出来，投机是要不得的。"

曾花："其实于总我还有不同的意见，我是觉得通过我对亚峰的了解，他是一个比较依赖于本能和直觉办事情的人，他更多的是趋利避害，对陈欧和聚美他原来就有一些崇拜，他就想去。他做很多事情都是用这种方式。"但是其他BOSS认为亚峰如果真的想去聚美优品就不应该跟大家约定去别的地方。

李安："亚峰，能不能让我们了解一下，

> **曾花**
> 北京思凯乐旅游用品有限公司总经理

> **李安**
> 网易门户市场部总经理，负责网易门户市场推广工作

你们前一天5个小伙伴一起商量这件事情，对你来讲是多认真的一件事儿？"

亚峰："我们做最后访谈的时候，所有人都点出了我的缺点，我感觉我跟他们很不合群。第二天他们所有人都同意去一家公司，如果我不去我会觉得我更加不合群，所以我就想去。"但是在场的BOSS又反问他为什么不等失败了之后再去聚美优品，亚峰说："我们5个人在通灵珠宝应聘会花费很长时间，如果我再去聚美优品对人家是很不尊重的，然后我就临时改变主意。"

沈东军给他的建议是，作为一个不合群的人其实并不一定是坏事，很多人都不合群，但是要信守承诺。然而李亚峰仍然没有意识到自己的过失："我可以这样回答你的问题，如果我是为了达到去聚美优品不择手段，我可以显得自己不合群一点，他们4个去一个公司我就直接去聚美优品也没有竞争，跟他们走了半天我何必呢？"

在李亚峰求职成功后，徐睿又提起了前5天发生在李亚峰身上的一件小事：李亚峰从思凯乐实习回来后很受打击，然后给曾花发了一条微信，得到曾总给他的安慰和鼓励的信息后对摄像师说了一句话——"如果曾总给我留职位我又不好意思拒绝怎么办？"对于这件事李亚峰即便再费口舌也解释不清。

涂磊："我无意去评价刚才大家都非常争议的那件事情中你的对错，有的时候不要急于成功，也不要急于太在意。还有一点，你也很聪明，聪明地想要跟所有人都左右逢源迅速成为领袖，但是久而久之让人觉得你攻于算计，最后总是四面楚歌，没有人愿意靠近你，所以切记，不要太急、太精、太现。"

求职结果

企业：通灵珠宝；薪资：5000元+/月。

58同城：房地产销售，主要的对象就是房地产经纪公司，全国27个城市可以选择；

咖啡之翼：管理培训生；

通灵珠宝：店长助理；

思凯乐：储备干部；

华商智业：青岛总部的客户经理。

李亚峰虽然在面试中饱受争议，但是最后也找到了满意的工作。有5家企业给他留灯，经过考虑他选择了通灵珠宝和咖啡之翼这两家企业"谈钱不伤感情"。

李亚峰问两位BOSS是不是提供食宿，沈东军："如果不提供食宿你就不来了吗？对于你来说你第一份岗位，到一个正规的企业里面谋求你的发展，靠你的能力不断地去成长这是很重要的。如果你做得好，整个郑州、整个河南都可以归你管。我认为你的不合群、特立独行一定会有你独特的思考方式。"

尹峰："我的岗位肯定在北京，包吃住。想要把你培养成一个格局更大的管理者的话一定要站在更高的平台，如果光在郑州培养成为一个郑州区域经理，这在常规管理上是不合逻辑的，所以一定是在总部的基础上才能够真正懂得什么叫区域经理。"

通灵珠宝的待遇是5000元＋，工作地点在河南；咖啡之翼的待遇是4500元包吃住，工作地点在北京。最后他选择了去通灵珠宝，回河南发展。

经验之谈：解释不清不妨坦然一些

在面试中，李亚峰的不合群问题成为大家议论的焦点，关于李亚峰的不合群，段冬评价了一下在第一天面试中李亚峰在"无领导小组讨论"中的表现，他总结出的结论是李亚峰在讨论过程中没有考虑小组成员的意见，急于表现自己，这一点是一个瑕疵。李亚峰由于急于表现自己失去了小伙伴的支持与信任，最终在团队中失去了领导地位。

徐睿老师讲述了一个在前5天的体验中发生的小故事，想由此了解李亚峰的真实想法，因为徐睿老师认为李亚峰应该坦诚地说出自己的真实想法，不一定他的想法是错误的。对于第5天自己没有履行诺言跟小伙伴竞聘同一家单位这件事，李亚峰解释说自己担心失败后再去聚美优品会显得对其不尊重，所以临时改变主意。

客观地评价这件事，笔者认为，李亚峰当时决定临时退出不一定就是因为投机的心理，也许他自己就是想去聚美优品。但是从整件事看来，他从头到尾都没有处理好，如果自己真的有自己的想法，在与小伙伴商议时就应该拒绝他们的提议。既然怕自己不合群答应下来了就应该信守承诺，哪怕自己面试失败，在PK中失败，也不应该中途退出。李亚峰自认为自己做事很周密，考虑很周到，但是给别人留下的印象却是不守信用、工于心计，在这个小集体中他已经是四面楚歌了。

这就是他矛盾的地方，又想表现得合群，又没有信守承诺，最后还坚持给自己辩解。陈昊认为他应该在一开始商议的时候就把自己的想法告诉大家，李亚峰在这件事上一开始就走进了误区，到最后越描越黑。

李亚峰的瑕疵就是因为他太过于追求人际关系中的完美，想左右逢源，让每个人都认可他，以他为中心，但是太过于精明会让别人反感，所以也就显得不合群。但是他又不能潇洒地面对自己的不合群，又想改变自己在团队中的形象，所以最后在极度矛盾的心理中李亚峰才会做出中途改变主意去聚美优品的决定。

每个人都是不完美的，对于招聘单位而言并不强求选手有多么完美，给李亚峰留灯的几位BOSS也是因为看到了他的优点，并不是因为他没有缺点。李亚峰虽然在为人处世方面存在一些瑕疵，但是他的工作能力也是有目共睹的，最后也有几位BOSS给予肯定：

姚劲波："亚峰是个'90后'，我们雇一个'90后'的人，往往是因为他的一个优点来雇他。我们可以接受你在职场人际中不完善的地方，这是你工作前几个月我们会通过培训使你能够改变的地方。"

尹峰："中国人讲面子其实就是看未来怎么去修正和引导，引导得正向那叫荣誉心，引导得不好那叫虚荣心，在一个优秀的团队和正向的企业价值氛围里面它会变成非常优秀的荣誉心和上进心。"

但是，亚峰从头至尾都极力想把自己表现成一个完美的人，其实这又何必呢？不会有任何一个人是完美的，无论是想错了还是做错了，既然给自己的人际关系造成影响了就应该勇于面对这样一个事实。

在徐睿讲述了李亚峰给曾花发微信这件事以后，大家对这个本来就很有争议的年轻人更多了一层判断。这让我们联想到在节目一开始他对自己的目标行业隐瞒这个细节，很明显他有一些投机心理，既想抓住思凯乐这个机会，又想给自己更多的选择余地。在这件事上我们也认为他过于精明，心机太重，他以为这样会给自己增加机会，但是没想到让别人失去了对自己的信任。

编者语：接受自己的不完美

年轻人想表现自己这很好，但是在团队中生存不能太突出自己，要多征求其他成员的意见。在处理人际关系时要多反思自己，如果感觉到自己不合群了那一定有自身的原因，不要一直强调自己的意志，要承认自己的不足。

因为，越是追求完美就越关注自己的缺点，越关注越在意反而越放大了自己的缺点。太过于表现反而显得漏洞百出。"路遥知马力，日久见人心。"真正的优秀人才一定是经得起考验的，承认自己的不完美，表现出真正的自己才能经得起考验。

刚刚走出校门的大学生，在面试中很容易犯这样的错误，认为只有把自己表现得非常完美才能得到面试官的认可；其实，恰恰相反，求职者表演的痕迹太重了反而让面试官感到不真实。

沟通不是聊天，"夸"自己要表达精练

什么是沟通？沟通是交际双方为了达成一致，相互传递思想、感情，反馈信息的过程。沟通和聊天不一样，沟通时往往是有目的的，而聊天一般是闲谈。所以，沟通一定要做到语言精练，言简意赅。

沟通不是聊天，会聊天不代表会沟通。有些求职者在面试中为了表现自己的沟通能力，在回答面试官的问题时通常会犯表达不精练的毛病，侃侃而谈，并且自我陶醉，但是说话抓不住重点，也没有亮点。如果是日常生活中跟家人、朋友闲聊，话说得再多、再随便也无妨，拉家常越跑题越有内容。可是在面试中或工作中与面试官或同事以及客户沟通时，说话绕弯子、啰里啰唆就非常不合适了。这样会让对方感觉很累，听半天不知道你想表达什么重点，对自己的职业形象也会有所影响。

有些求职者十分健谈，一打开话匣子就开始天方夜谭，把自己的经历讲得非常生动，几分钟过去了往往还没说到重点。在短暂的面试中，这样冗长的语言表达不利于凸显自己的优势，前面铺垫得太多，关键的地方反而没有足够的时间去阐述。因此，面试官从他的表达中很难考量出其真实的能力和素质。

　　有些人是因为太不善于表达，面试官提出问题后，他们不知道怎样直接切入正题，绕来绕去还是无法把自己心中所想准确地表达出来，聊着聊着就跑偏了。也就是答非所问，比如："你认为你来应聘这个岗位最大的优势是什么？""我觉得我大学4年过得非常丰富多彩，我学习成绩优秀，在同学中人缘也很好，而且参加过社团举办的各种活动……"关于自己在大学期间的经历说了一大堆，但是总结性的话一句也没有，面试官听了半天也不知道他想说自己在哪些方面具有优势。

　　求职者在面试中的发言应做到重点突出、观点鲜明，不要东拉西扯。因此，为了使自己的回答不偏题、不跑题，首先要提出自己的结论，然后再围绕这个结论做进一步的解释和论证。在论证自己的观点时要注意逻辑清晰、语言简练，回答问题的时间不要太长，应适时收尾。重点内容解释清楚就可以，说太多华丽的语言会产生表演的嫌疑，容易让面试官觉得推销过度，反而会影响自己的形象。

　　面试官的提问都是有目的的，所以求职者的回答也应该有针对性，目的就是表现出自己的能力和特长，让面试官发现自己的优势，从而能够得到工作机会。沟通能力强并不一定表现为说话说得多，话不在于多而在于精，多说少说无所谓，重点是你要让对方听明白。言多必失，说太多了必定会露出破绽，所以求职者在面试这种严肃的场合也应谨慎，做到言简意赅，把重点说到位，没用的就不要说。

非你莫属——求职故事再现

（一）

求职者姓名：俸光明

节目时间：2015年5月3日

最高学历：本科

就读院校：北京理工大学，信息管理专业

求职意向：经理助理或管理培训生

俸光明，23岁，云南人，北京理工大学信息管理专业，大四在读，来到《非你莫属》想寻求一份产品经理助理或管理培训生的工作。

光明在大学期间做过一些诸如摆地摊、正装租赁、设计校园纪念碑之类的兼职，也做过一些创业项目。在大学期间光明尝试做过几个创业项目，其中大的项目有两个，一个是"想吃点"的微信公众平台，一个是淘学应用程序。关于淘学应用程序光明解释了很多：

"因为后台系统不是我们的，我们想拥有自己的一套技术系统，所以我们联合了宇航，还有计算机学院的，我们的学长和学弟共同开发了淘学应用程序，并且已经上线了。然后拿了一笔20万元的投资，定位简捷大学生的生活。第一个具体的功能就是一个商铺，第二个是二手，还有一个发布，再有就是我这个功能。商铺分为4个类型，校外的一些商铺，远程的；还有校内附近的，就是线上到线下的这种概念；还有大学生创业的商铺，也可以搬到我们的平台上来；小店，开校园超市或者是在宿舍楼经营自己的移动超市。"

罗敏："你做的那个淘学的项目跟我们趣店的项目好像一模一样。现在趣店这个项目，我们一天有20万单，每天有20万个学生在我们那儿下单。你有没有想过，为什么我们能做起来，你当时做不起来？"

> **罗敏**
> 趣分期创始人兼
> CEO

由于光明前面回答问题时话说得特别长，在此陈昊提醒他："五句话总结一下，别太啰唆。"所以光明针对这个问题列举了四点原因：

"第一点，我们团队都是学生，团队的合作精神和信任度不够；第二点，我们的资金投入不足；第三点，我们团队在推广和宣传上经验不足；第四点，我们很难做一些新媒体或者营销。"

据罗敏说光明的想法比趣分期要超前好几年。光明本来只是打算小事小做，顺便帮助别人一下，因为大学生通常懒得从宿舍出来买饭，但是他所做的这两个项目的事情都已经规模化了。

陈昊："你说的这些都是有想法没实现的，有没有有想法实现的？挣没挣着钱无所谓，用户量是多少？"虽然光明的创意很赞，但是表达能力很弱，陈昊再次提醒他"五句话解释别太啰唆"。

光明："除了我们学校的12个窗口，还有周边的八十几家餐饮店都跟我们合作，大概有4000多个关注量，现在有1500多个。七八个月的时间盈利大概9000多块。"对这个回答陈昊表示还算满意，在七八个月的时间里能够做到9000多块钱的盈利对于大学生的兼职创业而言还是比较符合实际的。

求职结果

企业：趣分期；薪资：8500元/月。

光明的表现获得了5盏灯的工作机会：

优胜教育：加盟连锁事业部的管理培训生；

趣分期：趣店的产品和运营岗位；

咖啡之翼：管理培训生；

通灵珠宝集团：产品开发专员或者管理培训生；

小恩爱张馨匀：运营，工作地点在深圳。

光明经过考虑后选择了通灵珠宝和趣分期竞价，起初来年各位老板给的待遇都是6000元，后来趣分期罗敏为了增加筹码直接涨到了8000元，通灵珠宝的沈总也把待遇提高到了8000元，为了表达诚意罗敏又象征性地加了500元。

光明最后选择了趣分期，他可以有机会实现他在大学时的想法，还可以跟一群年轻人一起奋斗，他说："我选择趣分期是想叫醒我的不再是闹钟而是梦想，共同去实现企业的梦想。"

（二）

求职者姓名：张莹

节目时间：2014年9月15日

最高学历：硕士（研究生在读）

就读院校：湘潭大学，法学专业

求职意向：与法律相关的工作

24岁的张莹是一个来自云南省傈僳族的女孩，目前就读于湘潭大学法学专业，2012年被保送到本校就读研究生，主修民事诉讼方向。在大学6年的时间里她参加过学生会、社团的各项活动，并且自己主持过大学生课题项目。同时也多次随导师到湖南省基层进行时政调研，而且参加过一些学术研讨活动。来到《非你莫属》的舞台想找一份与法律相关的工作，或者是各位老板认为适合她的工作。

涂磊："是什么触动了你要减肥？"张莹说是因为太胖了影响形象，而且也是为了健康。这是挺有毅力的一件事，据张莹自己介绍她的减肥秘籍就是"管住你的嘴，迈开你的腿"，她说自己在那段时间经常跑步，在饮食方面坚持每天早饭只吃一个包子一个苹果，午餐和晚餐都是二两米饭二两肉。

但是涂磊认为她的回答有点跑偏了："我让你说减肥是为了让你体现你的能力和毅力，不是让你教大家减肥。"张莹的回答侧重于减肥本身，但是并没有表达出自己在这个过程中是怎样坚持、怎样计划、怎样实现的。

张莹继续说："我就这样吃了一个月，这一个月我坚持每天晚上去学校田径场跑20圈，我减了大概10斤的时候就已经不行了，不想吃饭，但是朋友跟我说，'你看你那身肉，你以前都不敢拍照'，然后我就继续坚持下去。"

徐睿："我打断你一下，你不要忘了你现在是在面试，每一分钟都非常宝贵，都是要证明你的能力，刚才你那番话可以通过你怎么制定减肥计划，怎么样分阶段去执行以及意志力这几方面去证明你的能力，但你刚才聊着聊着吧，又走了。"

陈昊："你讲的其实特别像相亲的那种感觉，你刚才讲的特别像当一个女朋友的技能和特长，你来找工作的特长及影响你未来收入的特长应该多讲一些。"徐睿："你与社团成员共同努力获得了'全国十佳''全国百强'的称号，你是怎么做到的？"但是张莹的回答仍然抓不住重点，于是涂磊让她先整理一下思路，等到下一个环节再讲。

在"天生我有才"环节张莹讲述了一番，但还是没有表现出自己的能力。陈昊："这个总结有点长，没重点。因为你在学校处于那个环境，拥有那个身份，所以你可以做一些管理的事，但是我觉得你的性格在现实的职场里不太适合做管理，温柔过度了。"

求职结果

企业：锐波科技；薪资：6000元+/月。

张莹最后获得了7盏灯的工作机会：

盈科律云：管培生；

美尔目眼科：法务部管培生；

优胜教育：集团管理培训生；

渠道网络（王辉）：总裁助理；

锐波科技：总裁助理；

骄阳兰多：店面管理部的助理；

唐月明：与文化相关的公司内部法务。

王辉
渠道网络营销专家、副总裁

张莹最后留下了锐波科技和盈科律云，进入"谈钱不伤感情"环节。盈科律云给的待遇是5000元+/月；锐波科技是6000元+/月。最后张莹选择了锐波科技，对于今天的求职结果张莹自己感到非常庆幸，她认为几位老板给他留灯是因为看到她的某些潜力。而她选择锐波科技是因为她觉得跟着一个新兴企业一起成长的话会更有成就感。

黄欢
骄阳兰多董事长
重庆青年企业家协会副秘书长

经验之谈：关系到自己薪水的话要多讲

通过以上两个案例我们可以看出，在面试过程中BOSS非常关注求职者的语言表达，因为面试本来就是一个沟通的过程。求职者作为被选择的对象，为了达到成功推销自己的目的需要通过简洁有力的语言"说服"面试官，把自己的优点充分表现出来。对于关系到自己将来薪水的话一定要多讲，所以在短暂的面试时间里一定要尽可能地给自己争取更多表现的机会。

在第一个案例中我们可以看出俸光明是一个非常有创意的大学生，在大学期间他就有过多次创业经历，并且它的创业理念有的现在已经发展成规模化了，所以说他是具备一定能力的。他的目标岗位是产品经理助理或者管理培训生，可以说他的经验和能力足以胜任这两个岗位。

　　虽然他最后找到了自己满意的工作，现场的各位BOSS对他的个人能力和经验也都比较认可，但是有一点显得很被动，他的语言表达能力比较弱。在回答BOSS的问题时光明对语言的提炼和总结能力非常缺乏，无法言简意赅地表达出重点内容，无法直观地把自己的工作能力呈献给BOSS。直接说就是回答问题时显得很啰唆，一句话说不清楚，重点不突出，逻辑不清晰。

　　在面试过程中陈昊曾两次提醒他"五句话总结一下别太啰唆"，比如在光明讲了他的两次创业经历由于资金、推广等多种原因没有成规模化发展之后，陈昊问他："你说的都是有想法没实现的，有没有有想法实现的？"

　　这实际上就是问他在创业过程中做出了什么成绩，达到了什么业绩，因为这一点很关键，这是最能体现他的实际工作能力的问题。但是之前光明对他的创业经历的描述没有把结果交代清楚。整体上来说，光明的表达不够精练，没有抓住重点，回答问题时完全处于一问一答的被动状态，没有主动去"夸"自己，藏得有点深，所以整个面试过程显得比较啰唆。

　　在第二个案例中，张莹也是一个非常不善于"夸"自己的人。所谓"夸"就是通过简洁精练的语言突出自己的优势和能力，让面试官关注自己、肯定自己。面试过程本来就很短暂，在《非你莫属》舞台每一位选手的表现时间不过15分钟左右，如果把时间都浪费在一些无关紧要的话题上面将会直接影响BOSS对自己的判断。

　　从张莹的简历中我们可以发现她的经历是非常丰富的，但是除了性格好以外，通过她的语言表达我们几乎看不到她具备与求职意向相关的素质。

　　由于张莹是一个应届毕业生，没有实际工作经历，而且在学校的实践经历也主要是专业方面的，所以为了帮助她挖掘自身的优点，在节目一开始涂磊围绕她减肥的话题展开提问，想通过对这件事情的分析表现出她的能力和毅力。

但是张莹的回答却令大家大跌眼镜，她很实在地讲自己的减肥经历，而且讲得很仔细，唯独缺少对自己能力的体现。第一次涂磊打断了她，说她跑偏了，第二次徐睿又打断了他，徐睿建议张莹应该重点说出自己如何制定减肥计划，怎样分阶段地执行，从而表现出自己的意志力和能力。张莹没有把自己在"减肥"这件事上的策划和执行提炼成观点，甚至把同学、室友对她的鼓励都一五一十地说出来，这对于她找工作而言完全没有帮助，只能白白浪费自己宝贵的面试时间。

徐睿从她的简历中找到了一个有可能证明她能力的案例，就是她曾带领自己的社团被评为"全国大学生十佳社团"，这是一个非常高的荣誉，是由中国共青团委评的，而且全国就评十个社团。但是张莹的表达仍然没有抓住重点，她真的不会表扬自己，没有把自己在团队中发挥的领导作用表现出来。

所以陈昊说从张莹的表达中看不出她在管理社团方面的才能，而他在学校取得的一些成就仅仅是因为那个特定的环境和特殊的身份所起的作用，并不能说明她有管理能力。陈昊："你应该多讲一些能表现你能力的、关系到你收入水平的话。"对面试有帮助的语言描述应该占大部分的比例，但是张莹在面试中的表现除了专业方面的优势，其他管理方面的能力没有得到大多数BOSS的认可。

编者语：面试中不要"藏得太深"

求职者在面试中就是要推销自己，不能"藏得太深"，也就是要求选手在面试中回答问题要做到言简意赅，既不要讲太多没用的话，又要把事情交代清楚、把重点突出，从而能够让面试官在最短的时间内对自己产生良好的印象。

面试官的提问意在了解你的能力，无论是涉及生活方面还是其他看似与工作无关的话题，求职者都应该明白面试官的根本目的。在阐述问题时应把重点放在表现自己的优势方面，体现自己的策划能力、执行能力、解决问题的能力等，而不是漫无目的地在说话。

言简意赅并不是要求选手吝啬自己的语言，回答问题时像挤牙膏一样问一句说一句，本该一句话说清楚的却要经过面试官多次提问，这样不是简洁反而显得啰唆。语言精练跟说话多少是不同的概念，说话要以表达清楚明白为目的，能用五句话表达清楚的一定不要说第六句，但是一定要突出重点。言简意赅就是要做到既不遗漏重点，也不纠结无关紧要的细节。

分析问题要站在老板的立场

在企业里没有谁比企业本身的利益更重要，个人都是服务于企业的，所以真正优秀的管理者应该站在老板的角度思考问题，在人情和企业利益面前必定会坚持企业利益而不是人情。如果在面试中求职者遇到类似的话题，在开口说话之前一定要经过"三思"，不能凭自己的主观判断就莽撞回答。

求职者在面试中除了要表现出与招聘岗位需求一致的才能外，还应表现出自己相对成熟的职业心态。因为在职场中，我们的价值观和道德标准往往与现实格格不入。

比如，公司里面通常有一些人拿着高薪不做事，还经常欺上压下，屡次违反公司纪律而不受到相应的惩罚。有些员工对此非常看不惯，一定会抱怨公司领导用人不当。如果涉及自己的利益还有可能会拿辞职来威胁，但是即便这样也无法达到目的，有些人辞职了，但那种令人厌恶的人仍然高高在上。同样作为公司员工的你又该怎样去面对这样一个事实呢？

如果求职者在面试中遇到这样的问题，或者你离开之前的公司本身就是由于类似的原因，那么面对眼前的招聘单位和面试官，你又该怎样做出令他们满意的回答呢？很显然，选择以辞职来威胁上级领导是愚蠢的。

在面试中如果遇到类似棘手的问题，一定要慎重。回答面试官的问题不要想当然地以日常生活中普遍的价值观去判断是非，应当根据具体的职场情景辩证地做出分析，要把个人感情和个人意志放在其次，把公司利益放在首位。这样才会给面试官留下成熟、职业的印象，也只有具备这种成熟的职业心态才能真正在职场中求得生存和发展。

公司领导都不是一般人，能混到领导的位置上也是修炼了几年的，对那些引起公愤的员工不处置，必定是有某些特殊原因的，那些人对公司的意义不是一个职场菜鸟所能领悟的。对于没有任何社会实践经历的大学毕业生而言，要做到冷静、客观地对待职场复杂的环境是很难的，只有投入一定的时间去打磨才能成为真正的人才。作为员工应该以公司利益为重，站在老板的角度思考和做事，如果单纯以个人的判断标准来衡量一个人或一件事的好坏，是无法真正做到为企业服务的。

非你莫属：求职故事再现

求职者姓名：杨晶元

节目时间：2014年9月15日

最高学历：本科

就读院校：吉林华侨外国语学院，韩语专业

求职意向：旅游餐饮类企业，店长，市场营销类

杨晶元是一个非常大气、非常阳光、热爱生活的女孩子，她今年24岁，来自黑龙江，2012年毕业于吉林华侨外国语学院韩语系。因为大学所学的专业是韩语，所以她争取去韩国研修了一年，对韩国的风土民情有了更进一步的了解。回国之后曾联合创办过一家食品公司，还做过一

份总经理助理和项目经理的工作。今天来到《非你莫属》想重新定位自己的方向，开始自己新的职场生涯。

谈到自己的创业经历，晶元说她曾跟随一位草根民营企业家，也是她的亲戚和长辈，联合经营一家食品公司，做食品加工。她入的不是现金股，出的力气更多一些，合伙人答应给她分红，承诺给她10%的股份。晶元认为这位草根民营企业家会找她联合创业是因为她有本科学历，还有吃苦耐劳的精神，这种精神是很多"80后""90后"所不具备的，在她进入公司后发现很多同事都没有学历。这个创业项目的销售员现在已经近百人了，当时她在的时候有70人左右，整个后方的工作全部都是由她来做，包括销售团队的直接带领。

于文浩："这70多个人的知识结构是怎样的，有本科吗？"晶元："他们都不是本科，大都是农村出身的比较能吃苦的进城来打工的孩子，最高的学历是办公室的文员助理。"于文浩："如果做得不错的话你为什么要离开这个公司呢？"

晶元："确实做得很好，我只检讨我自身的原因，因为我的阅历比较浅，在用人方面我们是有一些冲突的。在管理人员方面他坚持用一个人，这个人我坚持不用，他跟那位管理者可能有一些渊源，在之前是我所不了解的。我认为他给企业带来很多损失，他私心比较重，比他能力强的人、能够威胁到他地位的人，他都会将其清掉。"

徐睿："如果你在这个企业中又有股份并且经营状况还不错，你自己的贡献也非常巨大的话，他为什么在两者之间接纳了你离开，而不是让那个人离开？"

晶元："当时我因为这件事真的很憋屈，心态也一直不好，想不明白。他是长辈，他的想法肯定比我更周全，他要考虑大局，他对这个企

业的爱是不亚于我的。所以我选择离开，选择新的环境来成长，让自己
的心胸更加宽阔。他有挽留我，但是这个人还会继续存在。"

涂磊问她如果在下一个企业当中遇到同样的问题会怎么做，还会
不会选择离职，晶元："非常巧合的是我在做总助和项目经理的时候也
经历了类似的问题。通过这件事情我自己也明白了很多道理。"晶元在
经历了两次挫折以后明白了自己应该为企业着想，不要过分执着钻牛角
尖，但是段冬认为她说得不对，认为她没有为企业的利益去坚持。段冬
说在企业管理过程中，作为管理者应该在人情和企业利益之间做出选
择，他认为离开就是选择了人情而不是选择企业利益。

对于这件事，陈昊也认为晶元处理得不好："其实员工到一个企业
里面不是制造矛盾，也不是碰到矛盾掉头就跑的，我觉得你还是要正常
地看到职场的一些价值观，把矛盾处理好。"

孙宇晨："你在韩国学校取得了不错的成绩，而且你还帮助过三星
的高管，跟他们有非常好的培训关系，为什么你回国后直接进入副食品
行业，在我看来和韩国经历相差很远。"晶元："首先我心中有一个小
小的梦想，就是能够创业当老板；其次我站在柜台边不会觉得磨不开面
子。无论什么行业做成规模都是一个企业，都能给社会创造价值，还能
完成我的梦想，锻炼自己吃苦耐劳的精神……"晶元说得太长了，陈昊
打断了她，陈昊："这种营销自己的方式会让人记不住你的卖点，其实
你根本就没有处于面试状态，为什么你讲什么都要力求完美，而且你的
情绪一直没有从这件事中走出来，到现在还在说这件事。"

求职结果

企业：易淘食网；薪资：6000元+/月。

杨晶元最后得到了4盏企业的留灯：

美尔目眼科：管培生。叶子隆："未来我们加盟连锁业务会拓展到全国，你做加盟经理，帮助别人创业，帮助投资者加盟我们这个企业。"

骄阳兰多：店长。黄欢："我觉得你是一个特别要强和好胜的人，其实这个挺好。你的个性很善于交流，把控性很强，控场性很强，所以我给你提供在北京的店长职位。"

国家音乐基地（唐月明）：商务沟通培训生，负责与韩国方面的业务沟通。

易淘食网：线下的有科技感的餐厅实体店、体验店的店长。

晶元经过考虑选择美尔目眼科和易淘食网进行PK，美尔目眼科5000元+，这是管培生的收入，做了加盟经理以后会有大量的业绩提成；易淘食网6000元+是工资，试用期是八折，正常的话工资跟业绩挂钩，加的会比较多。

> **唐月明**
> 国家音乐基地
> 负责人

杨晶元最终选择了易淘食网，因为她有餐饮行业的工作经验，她想利用过去的经验尽最大努力在这个公司里面发光发热。

经验之谈：别把自己看得太重要

在企业里面每个员工都是这个集体里的一员，都应该为企业的生存和发展贡献力量，在企业利益面前个人情感和个人得失都应当退居其次。尤其是作为管理者而言，在处理一些关系到企业命运的事件中应该排除个人情感，一切以企业利益为重。

在以上案例中，杨晶元在面试中的焦点问题就是她的职场价值观，通过她的描述我们可以总结出她在判断问题时过于主观。她认为"那个人"的所作所为对公司非常不利，但是另一个合伙人却坚持用这个人，在双方无法达成一致的情况下她提出辞职，如果"那个人"不离开的话她不会选择留下。结果是她走了但是"那个人"还继续存在。这不得不让在场的各位BOSS考虑，她对自己在公司地位的重要性以及对"那个人"的评价有失客观的问题。

就像徐睿所说的那样，如果她作为联合创始人对这个企业贡献很大，并且在她的管理下企业经营状况还不错的话，为什么会出现最后是她离开而不是那个人离开的局面。对此晶元自己一直想不明白，很长时间心情都不好，到现在也没有完全放下。她的合伙人是长辈，他的经验和经历都比较丰富，对于联合创办的企业他也很重视，所以他肯定有自己的考虑，并且作为公司的第一管理人他更多的是考虑大局，相对于杨晶元而言他考虑得更周全。

梅向荣："可能你对自己在这个公司的贡献的评价和老板对你在这个公司的贡献的评价是有差别的，可能你会放大自己的贡献，你认为你对这个公司做出了极大的贡献，但是老板觉得实际上不是这样的。"涂磊："你一直说检讨，其实你一直没有检讨，从来没有听说过你自己的错误。你还没从那件事走出来，虽然你一直在说你只说自己的问题，但你一直认为自己都是对的。"晶元解释说可能因为她付出了很多，尽了很大的努力，所以对这件事一直放不下。

晶元之所以对这件事看不开还有一个重要原因是她认为自己对于企业而言是非常重要的，她想通过自己的辞职来达到让那个人离开的目的，但是她想错了，公司离了谁都能照样运转。涂磊问她如果再遇到同样的问题她会怎么解决，晶元说她后来在做经理助理和项目经理时也遇到了类似的问题，可见最大的问题在于她自己。在个人情感和企业利益面前她无法做出正确的判断，她没有真正站在老板的角度考虑问题，而是过于相信自己的主观判断，没有真正为企业利益去坚持，选择离开就是选择了人情而不是选择企业利益。

编者语：大局意识很重要

企业需要的是人才，有才华不一定是人才，具备才能和成为人才还是有一段距离的。真正的人才是能够为企业解决问题，而不是为企业制造麻烦，更不是遇到问题就选择逃避。所以，面试官在选人时除了看重求职者的学识、才华，还特别在意求职者处理问题的能力。

为了能够得到面试官的赏识，求职者应该尽可能地表现出成熟的职业形象，这样才能增加自己求职成功的机会。一切为了企业利益着想，个人得失和个人情感在企业利益面前是微不足道的。在职场中，个人价值观与职场价值观往往是不吻合的，在处理职场问题时应遵循职场价值观，在判断是非时不要太主观，时刻把企业利益放在首位。

求职者在面试中遇到类似问题时，回答一定要客观，判断是非应从大局出发，只有这样才能塑造自己成熟的职业形象，给面试官留下深刻的印象。

巧妙应对棘手问题

　　面试是一个双向选择的过程，这话倒是不假，但事实上对于大部分求职者而言，在面试中还是处于被动的地位。"人为刀俎，我为鱼肉"，过程和结果都不是自己能够掌握得了的。面试官常常会故意设置陷阱，提出棘手问题让选手回答，并且会故意引导选手进入陷阱，由此观察其应变能力。

　　在面试中应对棘手问题需要急中生智，利用幽默的语言进行化解。这类问题有点为难求职者的意思，因为无论求职者怎样回答都难免会有一些漏洞，但是面试官的提问并不过分。面对尴尬的问题务必保持冷静，避免由于情绪激动而思维混乱，影响自己的发挥，这样有助于自己表现出较强的应变力。

　　比如，我国一级演员、国际功夫影星成龙在奥运会结束之后马上又接受了2010年的世博会形象大使和广州亚运会推广大使的聘任，在接受采访时记者故意为难成龙："世博形象大使和广州亚运推广大使，你会偏重哪一个呢？"很显然无论成龙回答偏重于哪一个都不合适，面对这个刁钻的棘手问题，成龙巧妙地回答说："'形象'是站着不动的，'推广'是要走的。"一句话非常轻松幽默地避开了谁轻谁重的问题。

面对一些棘手问题，求职者往往不能正面回答，但又不能避而不答，这时最有效的办法就是含糊其词。求职者一定要尽可能避免直接简单地回答"能、不能、会、不会"等，使用"假如……的话""过一段时间……"等模糊的语言，给双方留有进一步交谈的空间。针对具体问题提出合理的解决办法时，既要一分为二地看问题，又要照顾到矛盾双方，不能顾此失彼或者厚此薄彼。力求做到让面试官抓不住把柄。

下面一则寓言讲的也是这个道理：

有一天，狮子大王想吃掉它的三个大臣——熊、猴子、兔子，于是它找了一个借口把老实巴交的熊叫了过来。狮子张开大口说："你过来闻闻我嘴里什么味？"熊据实回答："报告大王，您嘴里的气味又腥又臭，非常难闻。"

狮子大怒道："你竟敢侮辱本王！"于是猛扑上去，一口咬死了大笨熊，狼吞虎咽地吃掉了。

第二天，狮子又叫油嘴滑舌的猴子过来，它张开大口说："你过来闻闻我嘴里什么味？"猴子为了避免沦为和熊一样的下场，极力想讨好狮子，它对狮子说："报告大王，您嘴里的气味像甘醇的美酒一样香！"

想不到狮子同样勃然大怒，它对猴子说："你真是个马屁精，将来一定是个祸害，留你何用？"于是又扑过去，把猴子给吞了。

第三天，狮子把机灵的兔子叫过来问它闻到了什么味，兔子回答说："报告大王，我最近感冒了，什么味也闻不见。如果您能让我回家休息几天，等我好了一定会为您效劳。"

狮子暂时没找到吃掉兔子的借口，加上前两天吃了熊和猴子也解了馋，于是决定放兔子回家，机灵的兔子趁机逃命去了。

在这个寓言故事中，很显然狮子提出的是一个棘手问题，无论怎样回答都会惹怒狮子，在这种场合中，只有巧妙地回避问题才能得以脱身。兔子的回答是非常机智的，对狮子嘴里的臭气既没有肯定，也没有否定，而是采用迂回战术，用"感冒"来搪塞狮子。

在面试中求职者常常会遇到同样棘手的问题，对于没有任何实际职场经验的大学生来说，对面试官的提问，往往感到措手不及。即便在平时多么伶牙俐齿，在这时也难免会被噎到，不敢开口说话，恐怕稍有不慎被抓住了把柄。

面对棘手的问题，求职者应当学会巧妙地化解。语言是一门学问，"运用之妙，存乎一心"。如果能够冷静地分析形势，揣摩面试官的真实意图，再机智、灵活地应对各种问题成功地推销自己，一定会给面试官留下很好的印象。

非你莫属——求职故事再现

求职者姓名：杨珊

节目时间：2015年7月27日

最高学历：硕士

就读院校：浙江师范大学，体育人文社会专业

求职意向：管培生，总经理助理

杨珊是应届毕业的硕士研究生，不仅学历高、长得漂亮，而且还非常理性，最重要的是她爱笑，所以她是一位非常招人喜爱的选手。从本科到研究生杨珊学的都是与体育相关的专业，在大学期间她有过练摊经历，并且凭自己的努力赚了4万多元。来到《非你莫属》的舞台她想应聘管培生或总经理助理岗位。杨珊的期望薪资是4000元以上，工

作地点最好在天津，因为她觉得在北京买房压力太大了，这个想法很现实。

在本科期间，杨珊因为帮助一个姐妹作弊，结果自己也被抓了，当时学校说两个人都没有学位证。这件事对杨珊来说是一个非常大的打击，但她并没有破罐子破摔，而是将功补过，通过自己的努力不仅拿到一等奖学金，还考上了浙江师范大学的研究生。最终她以实际行动得到了学校的认可，并拿到了学位证。

涂磊："除了销售以外，其他岗位你考虑吗？有没有意向企业？"杨珊回答说自己的意向企业是优胜教育集团和PVGO。

这时，段冬给她提了一个棘手问题："好像有两家意向企业我们都变成了候选的一样。"58同城在天津有分公司，而且运营中心在天津，很符合杨珊对工作地点的要求，但是她的目标企业并没有58同城。

杨珊："段总，我不同意您刚才说的候选的观点。因为我选这两家是觉得，第一，我有培训经验，我可以和优胜教育做衔接；第二，我刚刚迈向工作岗位，和大学生之间的纽带还在，选择PVGO是因为自己有这方面的优势。我的目标意向是根据自己的经历选择的。"面对这个棘手的问题杨珊回答得非常机智，而且很有说服力。沈东军："其实你到我们通灵珠宝也挺好的，你看你这蓝衣服，蓝色火焰。"

显然她很会说话，说"我不同意"也说得那么好听，这一点深得BOSS的肯定。刘佳勇："杨珊，大家今天一定会抢你，你大大方方地说出你未来5年的职场规划。"杨珊说，她做销售的时候也挺喜欢的，做培训的时候也挺喜欢的，她的规划是在5年之内能做上管理层。陈昊："你最多一年就到管理层了，你说个更大点的梦想。以我对你的判断3年在天津买房子一点问题都没有。"

涂磊对她的评价是："这个女生特别落落大方，无论大家开什么玩笑她都能够非常优雅、非常得体地把你的问题回过去。"刘佳勇："杨珊是一类让你很容易喜欢的女孩子，她给自己设计出来几种未来的可能性，我们说这叫未雨绸缪的能力，具有这种能力的人多半在未来都是优秀的管理者，所以这类人我看好。"

求职结果

企业：优胜教育；薪资：8000元+/月。

杨珊的精彩表现获得了全场BOSS的一致认可，她得到了爆灯的结果。

杨珊经过考虑留下优胜教育和盈科律云事务所这两家企业进入"谈钱不伤感情"，她问陈昊："万一我不能达到您的要求怎么办？"陈昊："其实在人力资源方面我和段冬亦师亦友，我们今天做了很多改革。我们对试用期的员工不用业绩考核方式，如果达不到要求我们会检讨企业自己，为什么没有让你顺利通过试用期的这些课程。"

梅向荣："刚才你问我万一达不到要求怎么办，我说我能教你。实际上就是我告诉你未来的产业方向在哪里，这就是我能带给你的。"

杨珊选择了优胜教育，这是她的意向企业，而且工作地点在天津，她非常满意，希望自己跟陈总学到想学的东西。

经验之谈：从容以对，谈笑风生

杨珊的面试经历非常简单也非常顺利，她不像其他选手一样有很多争议的地方，从一上场到最后她的表现都非常好。在回答面试官的问题时她能够从容应对，把自己的性格和心态以及处理问题时的机智和灵活这些应变能力表现得恰到好处，因此她非常顺利地通过了面试，获得了全场爆灯。

涂磊问杨珊有没有意向企业，这是面试过程中很常见的一个问题。在《非你莫属》现场有12家优秀的企业，求职者无论选择哪几家作为目标都必定会造成一种不平衡。因为作为面试官或者老板而言，他们其实也很在乎选手对自己和企业的评价，但不是每一位选手都会遇到段冬提出的那种棘手问题。

由于杨珊本人的经历和素质都非常引人注目，现场的BOSS对她的期望值都很高，所以在杨珊表明自己的意向企业是优胜教育集团和PVGO以后，引起现场BOSS的争抢。段冬说杨珊选择了两家意向企业，好像他们都变成了候选的一样。这是一个典型的棘手问题，虽然是一个玩笑话，但是选手的回答非常重要，因为这能够体现出她的应变能力，对杨珊来说也是一个考验。

面对58同城段冬的反问，她回答得很机智而且有理有据，表明自己的选择不是出于对企业本身的评价，而是由于对自己经验和能力的判断。这个回答很聪明，既不得罪前面两家目标企业，也不得罪其他企业。如果她回答说自己喜欢这两家企业，认为它们更有发展前途，或者是因为对BOSS个人比较欣赏的话，就很容易把自己陷入圈套了。

杨珊的回答显然得到了大家的肯定，沈东军："其实你到我们通灵珠宝也挺好的。"这实际上是向杨珊抛出了橄榄枝，对她的表现感到满意。刘佳勇："杨珊，大家今天一定会抢你，你大大方方地说出来你未来5年的职场规划。"BOSS团的人才争抢大战就此展开。接下来这位机智的选手又陷入了另一个窘境：

陈昊："你最多一年就到管理层了，你说个更大点的梦想。以我对你的判断3年在天津买房子一点问题都没有。跟着我两年就可以在北京买房子，跟着我的企业，不要误会。"陈昊一时口误引起涂磊的调侃，涂磊："他经常说话让人误会，我都想跟着他了。"这时，杨珊仍然表现得很大方，对于这个略显尴尬的话题她说："陈老板是想让大家开心一下。"很巧妙地使自己脱离了窘境，也为BOSS解了围。

就像总面试官涂磊总结的那样，杨珊面对任何棘手的问题都能以优雅、得体的语言从容应对。这种能力在将来处理职场问题时是非常重要的，这类选手很容易得到面试官的青睐，引起BOSS团的争抢也是意料之中的。

编者语：含糊其词方显成熟

职场不同于生活，在处理一些复杂问题，应对某些紧张局面时要表现出一个职业人应有的从容和冷静。无论是对方刻意制造的紧张局面，还是无意造成的窘迫场景，作为求职者，都应在关键时刻力挽狂澜，一方面给问题的制造者一个完美的交代，一方面也能使自己脱离困境。这时，求职者在回答问题时就应该运用一些智慧和技巧，避免在是非之间直接作出选择，而是要巧妙地回避对方的锋芒。

作为一个即将走向职场的求职者来说，在面试中应该努力塑造自己的职业形象，说话和做事要显得成熟、干练。很多时候，职场中不需要我们把是非交代得很明白，因为很多事并不是非黑即白，含糊其词往往能达到满意的效果。

拿案例来说话才有说服力

面试能否取得成功关键要看选手在现场的发挥如何，选手的回答能否打动面试官取决于其话语有没有说服力。那么怎样才能做到使自己的话语更具说服力呢？面试官的提问无非是想对选手有进一步的了解，对他们的能力和素质有一个更客观的评价，所以选手在回答问题时要尽可能清晰、准确地表达。然而空口无凭，与其大费周折地用一大堆理论来解释，不如拿案例说话来得直接。

求职者在面试中都想把自己最好的一面展示给考官，但是一味地强调自己多么有能力不免显得空洞而缺少说服力，甚至还有可能会给面试官留下骄傲自满、吹嘘的印象。这时，为了证明自己能力不妨列举一些实实在在的数据或者事例，这样往往可以起到事半功倍的效果。同时也可以把自己的实践经历表述出来，让面试官对自己有一个更全面的了解。

在面试中选手常会被问到为什么应聘这个岗位，你认为你具备什么样的能力可以胜任这个岗位。（比如活动策划岗位）求职者如果单纯地说自己有多么强的组织能力和策划能力，有多么擅长策划，都不足以让面试官相信，因为空口无凭，谁都可以夸张自己的能力。所以，为了增强自己话语的说服力，提高面试官对自己的认可度，求职者应该采用具体的案例作为辅助说明。比如："我在大学四年中担任过文艺委员，多次组织策划班里的文艺晚会，另外还参与策划学校的大学生艺术节，每一次活动都能收到满意的效果。除此之外，还独自策划过全系的迎新生联欢会，以及羽毛球联谊比赛等多项活动。"

拿案例来说话就是要求我们言之有物，不要空谈，话说得再漂亮最终还是要考验实战能力。如果只会说不会做，没有实际的经验之谈，那么很难做到让面试官不质疑你所讲内容的真实性。说话要讲究艺术不假，有些话的确需要讲得含糊不清，但是关于自己能力介绍还是要表达得清晰、准确一些。求职者不要随意捏造案例和数据，这样做是经不住考验的，很容易露出马脚，那些阅人无数的面试官绝非等闲之辈，想蒙混过关并不容易。

因此，想得到面试官的认可还是要凭借自己的真才实干，投机取巧使不得。尽管我们可以把语言包装得更华丽，把话说得更委婉动听，但是一定不能抱有侥幸心理去捏造事实。只有拿案例说话才有说服力，因为数据最容不得吹嘘，真实的经验也最经得起考验。求职者在善于表现自己的同时还要注意增强自己说话的分量，把自己的真才实学展示出来，才能真正得到面试官的认可。

非你莫属——求职故事再现

求职者姓名：闫雪

节目时间：2015年12月28日

最高学历：本科

就读院校：江苏科技大学，英语专业

求职意向：助理类、管培生

闫雪就读于江苏科技大学英语专业，她从小就觉得卖东西的人会赚钱，所以对销售这个行业非常感兴趣，在大学期间她曾有过特别值得一提的销售经历。闫雪认为自己有一定的销售能力，大一时给中国移动销售手机充值卡，曾经在一个小时之内净赚3000元。她认为她的销售业绩是由于自己的销售技巧和人格魅力。来到《非你莫属》想求得一份管理培训生或销售的工作，薪资要求5000元+，工作地点在北京或上海。

闫雪最引以为豪的是一张在58同城实习期间与姚总的合影。本来只有工作满一年的老员工才有资格和姚总合影，而自己只是个实习生，但她不想错过这个机会就很勇敢地争取到了，对此她觉得很骄傲。

据闫雪自己分析，她是一个红色性格加绿色性格的人，而且红偏多。她认为红色性格能够迅速在人群中被找到。她是一个非常热情的人，所以非常适合做销售。但现场的BOSS却不这么认为，陈昊："可是红绿性格的人，第一，稳定性差，第二，在团队里面带头作用差。红偏多的人跳槽频率更高。"闫雪针对自己的性格优势想证明自己适合做销售，显然没有什么说服力。

在"天生我有才"环节她展示了一段视频，内容是自己在大学期间带出来的部门——外联部成员的连拍。通过这个视频闫雪想进一步展示自己的性格和她对团队精神的重视，她说在选人时很注重人品，不会拿赞助额的高低去评价一个人是否优秀。但是现场BOSS的反馈是，这个视频既看不到她所关注的人品，也看不懂她所看重的团队精神，不知道这个视频到底能说明什么。

闫雪："我说挑人的时候看人品是因为我是这样的人，视频可能表现不出来。"韩虎问她对选人的标准是什么，她回答说是善良和感恩。韩虎："在团队中同事之间的善良，或者说销售团队的善良具体体现在哪些方面？"闫雪回答她认为在做活动时大家不要推推搡搡就是人品好，就是善良。韩虎告诉她那叫有担当，敢于主动承担，而不是善良。

在"天生我有才"环节，闫雪的展示仍然没有给自己的面试加分，她所说的人品和团队精神丝毫没有体现，办事能力和解决问题的能力更没有提到。刘佳勇："你花心思准备的这个视频我们看起来更像是二货大连拍，跟你职场中能体现能力的部分一点都没提到。"韩虎："还有更糟糕的是，在你的口述当中你说你对团队成员的评估是不靠他的赞助额判断他的能力。这是一个错误的价值观。销售团队最重要的是业绩，所谓赞助额就是销售业绩，你连一个销售团队的销售业绩都不考虑你怎么去评估一个人的能力。"

在这个问题上，闫雪的表达明显有漏洞，比如"人格魅力""人品"等词用得很不合时宜，难怪引起BOSS团的质疑。针对韩虎对闫雪的评价，人力资源专家和他展开争论，认为韩虎不应该给她扣一个很大的帽子，这可能会导致她很难发挥本身已有的潜质。关于这个争吵，刘佳勇认为闫雪要反思自己，因为她在表达中用了很多大的词："你先把概念抛出来让我们开始探讨你的标准，一定要记住此时此刻是你在求职，你的表述一定要准确，你要展现的才华和你要展现的内容是高度匹配的，否则就不会有这些争吵。"

面试到这里时间已经过了大半，闫雪的能力和素质还没有展示出来。主持人让她描述一下自己对目标岗位营销方面的管培生的理解，需要具备什么样的素质。她的回答仍然很泛泛："首先要具有销售性格，不能惧怕陌生客户；在公司和同事相处，为人处世上一定要懂得什么该说什么不该说。"她又在谈人品，每个岗位都应该具有这些素质，但是对于营销方面的能力来说她并没有解释。

李宇欣："能不能举一个具体的案例，什么时间什么地点，什么事，取得了什么效果？"闫雪："我的第一份实习经历就是在58同城，我先后做了人事招聘和销售，互联网销售这两块。前些年有一个数据是每打183个陌生电话能到场面试一人，工作第10天

李宇欣
北京健康有益科技有限公司创始人、CEO

的时候，我打了59个电话第二天到场面试11人；互联网产品销售在第20天的时候开了两单，业绩是两万多。这是我在58同城实习经历的业绩分析。"这个问题提得非常关键，闫雪的回答也很给力。尹峰："我觉得这一段真的非常加分，58同城要求非常严格，她作为新人能做成这样，这个数据是很加分的。"

刘佳勇："刚才那段为什么会加分，第一，讲到了具体的事；第二，用数字说话，所以大家给你掌声。你再回想起刚才的争议是怎样造成的，所以，以后希望所有的求职者在这个舞台上拿数据来导向，来描述一些事情。"

求职结果

企业：咖啡之翼；薪资：6000元+/月。

闫雪最后获得了7家企业的留灯：

西默科技：第一个是销售经理，工作地点在上海；第二个是招商加盟专员；

优胜教育：加盟连锁事业部管理培训生，工作地点可以在上海可以在南京、哈尔滨、江苏、北京；

健康有益：简约App为减肥人群提供一站式解决方案的销售专员，工作地点在北京；

咖啡之翼：市场总监助理，很多也是线上营销的东西，工作地点在北京；

通灵珠宝：乐朗葡萄酒的渠道拓展，和一些经销商打交道，工作地点在北京、上海、南京；

分期乐：营销方面的管培生；

福能集团：PVGO校园代理销售岗位，工作地点在北京。

经过考虑，闫雪留下了优胜教育和咖啡之翼进入"谈钱不伤感情"环节，优胜教育5000元+/月，咖啡之翼6000元+/月，闫雪选择了咖啡之翼，因为她觉得尹总非常理解她在58同城实习的那段经历，提供的岗位是比较适合她的。

经验之谈：用案例弥补语言的苍白

节目一开始推荐人说闫雪是一位有过小时经历、并且具有一定销售能力的选手，她在大一时卖手机卡曾在一小时内赚到3000元。在第一个环节她主要讲了自己在58同城实习期间争取到与姚总合影的机会，这只能说明她善于争取机会，并没有体现出任何工作能力。

在"天生我有才"环节，闫雪展示的一组视频仍然没有表现自己的工作能力，她一再强调自己的性格和人品以及团队精神对于做销售来说是比较适合的，但是这些都是无法现场考量的，在她的视频中完全看不出这些内容。

关于销售方面的能力和素质一点也没有展示出来，办事能力和解决问题的能力并不是通过求职者三言两语对自己的夸奖所能反映出来的。刘佳勇："你花心思准备的这个视频我们看起来更像是二货大连拍，你职场中体现能力的部分一点都没提到。"刘佳勇说作为一名求职者，你要展现的才华和你要展现的内容应该是高度匹配的。从闫雪上场到现在她所展示的都不是跟销售相关的能力，也没有表现出具体的办事能力和解决问题的能力，只是泛泛地谈自己的性格、品质，等等。

为了让闫雪把自己的优势充分表现出来，涂磊提出让她描述作为一名营销方面的管培生需要具备什么样的素质，希望她在回答问题时可以抓住重点。但是闫雪并没有领会主持人的意思，她的回答仍然很泛泛，她所说的这些素质还是在谈人品，对于营销方面的能力并没有涉及。

为了尽快让求职者进入面试状态，尽快挖掘出她的优势和亮点，BOSS团也是煞费苦心，李宇欣很直接地问了她一个问题："能不能举一个具体的案例，什么时间什么地点，什么事，取得了什么效果？"这个问题太关键了，对于闫雪来说这是一个展示自己能力的机会。闫雪说自己在58同城实习期间主要从事人事招聘和销售两方面的工作，在招聘方面她把到场面试率由原来的183：1提高到5：1；互联网产品销售方面她曾在一天完成了两万多的业绩。闫雪对自己在58同城的实习经历所做的业绩分析非常有说服力，既有事实又有数据，这些实实在在的数据是不容置疑的，赢得了在场BOSS的掌声。

尹峰认为闫雪刚才所讲的这一段非常加分，因为他们了解58同城的管理模式是非常严格的，闫雪作为一个实习生能在那么短的时间内完成那么好的业绩，对于她的能力绝对是非常有利的证明。同样，刘佳勇对闫雪拿具体的事件和数据对自己的工作业绩进行分析也表示高度赞赏，通过这一段话，BOSS团了解到了她的工作能力，在正常面试中这是一个重要的转折。

编者语：说服力不是"空谈"出来的

求职者在面试中为了赢得面试官的认可，应当在回答问题时尽量增加自己语言的说服力，在证明自己能力时要谈到具体的事件，而不是空谈理论。

面试过程是求职者表现自己能力的过程，在这个过程中面试官通过提问达到考验求职者的目的。每个选手的素质和能力都是通过他们的语言表达体现出来的，因为过去的经验和经历以及选手的学识水平和智力水平都是通过能听得到的话表现出来的。但是求职者一定不要忘记，能力不是说出来的，而是做出来的，求职者只有通过具体的事件和经历，才能把自己的工作能力和潜在素质更加直观地呈献给面试官。

所以，求职者回答面试官的问题时应该注意多用事实和数据说话，把自己做过的事、达成的业绩通过观点明确、逻辑清晰、言简意赅的语言描述出来。只有这样才能使自己的描述更具有说服力。

小 结

本章教会面试者如何对付老谋深算的考官，为了使自己顺利通过面试，求职者需要具备下面几种能力：

第一，面对质疑一定要冷静，顶住压力，让面试官说够了再还自己清白。

第二，工于心计也要掌握好分寸，不要追求完美，急于表现，坦然接受自己的不完美，急功近利会让自己四面楚歌。

第三，回答问题要做到言简意赅，关系到自己薪水的话要多讲，不要把自己的才华藏得太深。

第四，职场求生存不要太自我，分析问题要站在老板的立场，一切以企业利益为重。

第五，遇到棘手的问题要运用智慧，含糊其词、从容淡定，做到巧妙应对，才能逃离陷阱。

第六，事实胜于雄辩，在面试中拿案例来说话才有说服力，切记能力不是说出来的，而是做出来的。

求职者掌握好以上几种能力，在应对面试官习钻、犀利的问题时必定会游刃有余，从容应对。

第四章

职场竞争激烈，为什么你不可取代

专业人才求职，无声胜有声

在职场中求生存、求发展需要具备多种能力，比如沟通能力、人际交往能力、应变能力、抗压能力、独立思考能力、自我控制能力，等等。除了专业知识能力以外，还需要具备很多其他方面的能力，而对于某些岗位而言，这些"其他"的能力甚至比专业知识还要重要。以至于在当前的职场中流行着一种"会做事不如会说话"的价值观，这种理念被一些人恶意地夸大，导致很多职场人士都或多或少地产生一种浮夸的倾向。在大学生中更是有一些"读书无用"的偏激言论，显然这种思维倾向和社会现象是有失偏颇的。

很多的学生毕业后都找不到与所学专业对口的工作，但是在其他领域也可能会发展得很好，似乎真的上大学没什么用，除了最后获得一张文凭。但这不能说明读书就真的无用了，之所以会出现这种情况，与当前就业市场供大于求的局面不无关系。很多人之所以感到上大学没有用，专业知识用不上，无非就是感觉自己的工作与专业不对口。实际上大学生真正学习所得的不是知识本身，而是知识在我们的脑子里沉淀下来的智慧，是一种思维方式和实践能力。

另外，大学生找工作学历没有竞争力也与当前大学教育的应试倾向有关。很多学生虽然考试及格，但是并没有在学习中获得本专业学生应当具备的各种素质和能力，有些能力是需要在实践中获得的，并不是完全依靠书本所能达到的。比如市场营销、人力资源以及师范类专业的毕业生。

实际上，各行各业对专业人才的需求并没有减少，而专业人才在企业中的价值也没有贬值。真正专业素质过硬的选手在面试中还是会得到企业领导的青睐。所以，大学生还是应当认真打好自己的专业基础。我们可以不孤注一掷地走专业路线，在学校期间也可以培养自己的其他特长，积累其他方面的经验，但是一定不能忽略自己的专业知识。

跨专业求职也是一种选择，但还是应当重视专业知识本身。对于那些计划走专业路线的人来说更要重视学好自己的专业知识，还要善于把知识转化成能力和素质，在进入企业后能够把自己的专业技能转化为企业的价值和利润。如果你是专业人才，在激烈的求职竞争中你可以不会表达、不会沟通、不会"讨好"面试官，也不必费尽心机地夸自己，应该拿真才实学说话。

大学生最后靠什么找到工作、靠什么吃饭还真不一定，但总有一种能力是靠得住的。千般会不如一手绝，有一手就够了，对于技术型的岗位来说，专业技能就是铁饭碗。

非你莫属：求职故事再现

求职者姓名：王晶晶

节目时间：2014年3月24日

最高学历：本科

就读院校：大连民族学院，平面设计专业

求职意向：设计类相关的工作岗位

　　23岁的王晶晶也是2014年3月份"90后北漂求职季"的选手之一，即将毕业于大连民族学院平面设计专业，求职意向是设计类相关的工作岗位。

　　黄健翔问晶晶在校期间有没有参加过与专业相关的实践活动，或兼职，王晶晶说没有，她简历中写的几份工作经历也都是在这几天中发生的。

　　黄健翔："你在校期间是通过微博和微信做原创设计吗？"晶晶说她一直有记心情日记的习惯，并且会把图片发到网上，时间久了有人就想请她做卡片，还会谈到价格。她还带来了自己创作的一本动漫式的日记，她每天都会记录当天发生的一些难忘的事情，包括感情和工作上的事，使用文字和图片组合，非常有创意。

　　在场的各位BOSS对晶晶的这本日记很感兴趣，并且给予了极高的评价。新航道副总裁JHON："我看到一个细节，你在网上做原创设计，月均收入3000元。只要你稍微经营一下自己的品牌，你这3000元就可以变成一两万，你做这件事情蛮有特点的，到我们企业太可惜了。"

　　谭奕："有一个职业叫职业插画师，其实你做的那个水平挺好的，文字和画面配合得非常好，而且你很有创意。"陈昊虽然认为晶晶的作品普遍偏低龄化，适合给他们教材做插画，实际上他对晶晶的作品也是非常赞赏的。

> 谭奕
> 利洁时家化北亚市场战略拓展负责人

　　徐睿拿出了一张卡片："靠实力不靠派系，派系不会是永远的，实力才是你能依靠一生的东西。"对于这张卡片晶晶的解释是，在这5天中，一开始大家想过的是一种集体生活，但是第二天随着实习工作的展开，每个人赚的钱不一样了，于是在利益方面出现了一些冲突。晶晶说当真正走进职场的时候，她发现还是要靠自己的实力。

徐睿："为什么在这5天当中你对朋友的感情有这么深的感触？请跟大家做一个分享，这是对你提炼能力的考验。"

晶晶："我受到最大的伤害是来自任自豪同学。第一天的时候我们是走得最近的，跟他聊天我觉得他会告诉我很多东西，但是在生活方面的一些小细节上他经常欺骗我。例如我们一块买完东西，路上都是我提，然后到了六楼他说这个东西给我，回到家之后就跟大家说'我帮大家买了什么什么东西'。可以说，他有一些小心机。后来我们一起去面试，在我们4个人竞选一个岗位时他选择了他最适合的，因为我表达能力不强，在那场面试中失败得特别惨。"

姚劲波："晶晶跟别人在一起特别开放，非常相信别人，希望别人也能够反过来对她好。"他认为晶晶应该到简单积极的环境里工作。

徐睿说晶晶面试表现得很被动，他把自己在这5天中对晶晶的观察做了一个总结，他认为晶晶在这5天中进步很快，而且抗压能力很强，虽然受到挫折但仍然心怀善良。晶晶不善于夸自己，所以徐睿想帮她一把，让大家看到她的优点。

在"天生我有才"环节晶晶展示了自己的作品，她既可以手绘设计，也可以用电脑设计。晶晶的作品有logo，也有名片，也可以做成水墨效果，非常有创意。姚劲波非常满意晶晶的作品："太好了晶晶，做设计一定要让更多人看到你的作品。在互联网时代58同城是一个有海量用户的平台，你可以极大地提高我们的设计水平，在我们的内部、外部。我觉得在58同城让你去做行政前台简直是暴殄天物（实习）。"曾花也说思凯乐跟晶晶失之交臂非常遗憾。

徐睿："我一定要跟花姐和老姚解释一下，我们节目是有规则的，每天有你们的企业提供固定的岗位需求让选手去应聘。"姚劲波说需求可以因人而变，如果第一天到他们市场部实习，以后的事情就不需要了。

求职结果

企业：58同城；薪资：8000元+/月。

王晶晶的表现获得了8家企业留灯：

大可乐手机（丁秀洪）：设计师；

网易：易信贴图设计师；

优胜教育：集团加盟中心设计专员；

58同城：设计部资深设计师；

咖啡之翼：品牌部的设计师；

猎聘网：平面设计师；

思凯乐户外体育：市场部品牌形象设计；

华商置业：助理设计师，在青岛。

晶晶选择了58同城和网易进入"谈钱不伤感情"环节。为了抢夺人才，网易和58同城三次增加薪酬。姚劲波："我认为58是一个高速成长的企业，网易可以认为是上个10年的企业，而58是未来10年的企业，你想想在哪个平台发展空间更大。"最后他们把薪资调整为8000元，而晶晶关注的是她的上升空间，对此姚劲波表示自己带不了晶晶，但是他会关注她的成长和工作环境。

晶晶最后选择了58同城："觉得特别开心，是一个挺大的惊喜。姚总特别照顾我，当时其实打动我的是他会一直关注我的成长。我作为初入职场的毕业生能给我这么高的期望，在以后的工作中我一定会信心百倍，拿出我最好的状态来。"

经验之谈：有实力就是可以任性

王晶晶的面试经历是一个典型的专业人才求职成功的案例。通过晶晶在舞台上的表现，我们可以看出她是一个善良、敏感、不善于表达、不会夸自己的选手。实际上，她身上有很多优点，但是她在整场面试中是比较被动的，她没有主动去表现自己。

节目一开始黄健翔问晶晶在校期间有没有参加过与专业相关的实践活动或兼职，王晶晶说没有，她简历中写的几份工作经历也都是在这几天中发生的。如果仅凭王晶晶的回答就做出对她的判断的话，可以说她的工作经验是零。但是我们后来可以发现其实她在校期间通过微博和微信做原创设计，并且经常出售，还得到了一份不错的收入。

在主持人展示了晶晶的心情日记以后，通过几位BOSS的评价可以看出她的设计水平是非常高的，而且非常有创意，这对她的面试是非常有利的，但她并没有主动提起这本日记，可见她

> JHON
> 新航道国际教育副总裁

是多么不善于推销自己。这难道不是实践经历吗？甚至可以说也是一种创业经历，正如JHON所说的那样："我看到一个细节，你在网上做原创设计，月均收入3000元。只要你稍微经营一下自己的品牌，你这3000元就可以变成一两万，你做这件事情蛮有特点的，到我们企业太可惜了。"

JHON认为晶晶完全有能力经营自己的品牌，对她的作品评价非常高。其他BOSS也有同感，尹峰："这完全可以直接做成相框挂在我们咖啡之翼的墙上。"58同城的姚总和陈昊也对晶晶的作品非常赞赏，可以说晶晶已经用自己的实力和作品征服了面试官。

徐睿从晶晶的作品中找到一幅反映这5天求职经历的卡片，主题是
"靠实力不靠派系"。让她解释一下这张卡片，把自己这5天的经历跟
大家分享，谈谈为什么自己会有这么多的感触。晶晶把从第一天开始自
己与小伙伴相处过程中发生的不愉快和自己的感悟讲了一遍，她的回答
可以表现出她自己在与人交往中的真诚和单纯，但是她并没有抓住机会
表现自己的工作能力和性格中的优势。

很显然晶晶是一个不会夸自己的选手，徐睿说晶晶的面试表现得
很被动，他把自己在这5天中对晶晶的观察做了一个总结，他认为晶晶
在这5天中进步很快，而且抗压能力很强，虽然受到挫折但仍然心怀善
良。徐睿想帮她一把，让大家看到她的优点，实际上，虽然她从头到尾
都没有夸过自己，但是她在BOSS心目中已经是一个优秀的人才了。

晶晶是一个货真价实的专业人才，她拥有做设计的敏感和实力，所
以她不说话胜于说话，有实力就是这么任性。

编者语：专业技能是最实在的竞争力

专业人才在企业里面发挥着不可替代的作用，对于这类求职者而
言，掌握好专业技能无疑是保证自己顺利打开职场大门最有力的敲门
砖。专业技能是最实在的竞争力，作为求职者一定要充分利用好这个重
量级的筹码，一技之长甚至可以弥补所有的缺点。不善言辞没关系，不
懂人情世故也无所谓，职场小白又怎样，一样能够在人群中迅速脱颖
而出。

当然，我们并不是说有了专业技能就不需要掌握一些必要的职场生
存技能，身在职场当然需要了解职场法则，但是拥有这么一个威力巨大
的武器对自己来说必定是非常重要的。同样是走专业路线，有些求职者

揣着自己都没有信心的学历来求职，当然一点说服力也没有。

　　无论是找专业对口的工作还是跨专业求职，大学期间都应该认真完成学业，不能荒废自己的学业。只有拿着一张沉甸甸、有分量的毕业证去求职才有底气，才能给自己将来就业增加机会。

抛开专业与学历，你凭的是什么

对于技能型岗位而言，求职者的专业能力和学历水平是非常有说服力的，然而，很大一部分大学毕业生在就业时往往会选择非对口岗位。其中原因是多种多样的，有主观方面的因素，也有客观方面的因素。

从主观上来讲，很多大学生由于种种原因在报考时，所选的专业并非自己理想的专业；或者有些大学生在进入大学校园以后，随着自己眼界的开阔发现自己有其他方面的兴趣和爱好。于是，在选择职业时他们会放弃自己的专业方向而选择自己感兴趣的、更擅长的职业。

从客观上来讲，很多岗位所要求的能力和素质并不是大学教育所能给予的，而是跟求职者的实践经历和性格特长密切相关的。再加上大学扩招使得毕业生数量与岗位需求不平衡，很多求职者由于找不到对口工作不得不选择跨专业求职。

不管哪种原因导致的，非对口专业的求职者在每年的应届生招聘会上占有相当高的比例。对这部分求职者来说，抛开专业与学历，你凭什么去应聘，凭什么在众多的竞争者中脱颖而出呢？

应届毕业生缺少正规公司的实践经历，对职场的了解大多是侧面的，而非亲身经历。作为职场小白，一方面具有较强的可塑性，有待于在真正的职场中去打磨和塑造；另一方面由于缺乏经验在刚刚进入职场时无法给企业创造价值，因此竞争力比较弱。

为了在面试中赢得招聘方的认可，找到一份让自己满意的工作，一定要在自己的素质和能力方面多做文章。经验可以没有，但是潜力一定要有，在面试中把自己与目标岗位相匹配的优势展现出来，让他们看到自己的未来，这对面试结果来说是非常重要的。

比如待人接物时能做到恰到好处，回答问题时逻辑清晰、言简意赅、观点鲜明，遇到棘手的问题能够巧妙灵活地应对，面对质疑有非常强的抗压能力，等等。另外，求职者在大学期间除学习专业知识以外，参加的各种校园活动和兼职工作以及创业经历等，在面试中也是非常能证明自己能力的案例。

因为没有正式的工作经验，面试官考核和评价时，只能根据你在面试中的言谈举止和你对自己过去实践经历的阐述来判断。所以跨专业求职，抛开自己的专业和学历，这些在校期间看似跟学习无关的实践活动也许会成为给自己面试加分的项。

非你莫属：求职故事再现

求职者姓名：李庆欢

节目时间：2015年12月21日

最高学历：本科

就读院校：太原理工学院，体育教育专业

求职意向：销售及市场相关或者助理类工作

李庆欢，就读于太原理工学院，体育教育专业。她说自己在大学期间非常折腾，在大一时做过各种各样的兼职，并由此发现自己喜欢与人沟通交流，而且热爱销售。于是在大二之后她就开始做销售类的兼职，她做过宽带业务，还带领自己80多人的团队连续3年做床上用品的销售。另外，她在健身房做过私人教练，还做过家教。

李庆欢在大学期间通过自主创业给100名学生提供过兼职平台，来到《非你莫属》的舞台想寻求一份销售、市场类，或者助理类工作。

涂磊让庆欢把大学时期自主创业的经历中最拿得出手的一段说一说，庆欢最自豪的是她带领团队卖床上用品的经历，"我分为三步：首先是找到供货商，第二是招募团队，第三是展开工作。第一次做得比较好，一天的销售额超过了两万元，纯利润。第二次我把业务拓展到其他学校，利润超过了两万五千元；第三次跟学校导员和迎新生工作人员合作，让他们做代理。"

梅向荣："实际上在企业里面有市场意识的人对企业的驱动力是非常大的，而且晋升的空间也比较大。你在自主创业里面有一个'挂羊头卖狗肉'的事件是怎么回事？"庆欢："大二时很多同学都帮移动团队卖卡，卖被子的人特别不好找，然后就想出一个办法，在我的朋友圈发了一条消息'招募卖移动卡的一级代理，要求经验丰富的人，一张卡提成25元'。"

其实就是打着卖电话卡的噱头卖被子。在看到消息后很多人给她打电话，她就把符合条件的记录下来，在加以整理后再给他们打电话说："不好意思，我们卖卡招募以及代理已经招满了，您的条件也有点不符合，我们还有其他项目您愿意做吗？"告诉他们卖被子提成比卖卡高，这样选择机会更大一些。

涂磊问庆欢的待遇要求，她回答说："4000元+含住宿，不含住宿5000元+。工作地点首选北京，次选太原、西安，全国各地都可以考虑。"销售和市场类岗位都是有提成类的工作，庆欢说她希望综合收入达到8000元以上。

在"天生我有才"环节，庆欢展示了自己在大学期间的创业经历和其他校园活动。她对自己的总结是：通过组织团队卖被子，作为一个以利益为目的的商人兼老板，锻炼了自己发现市场、调查市场、了解同行竞争力以及处理危机的能力；通过春节期间卖对联她了解到生活的不易，所以她努力得到自己想要的生活；在校园做宽带业务锻炼自己的沟通能力和亲和力；在健身房做兼职巩固了她专业知识方面的能力，让她对自己未来的规划更加清晰。

李庆欢对自己的规划是三个月成为人员，一年成为人才，三年成为人物。她说自己是一个很有野心的人，不怕吃苦，具备危机处理能力，善于倾听与交谈，而且年轻敢闯。梅向荣："我觉得庆欢的介绍非常有条不紊，对自己的规划非常清晰。我把你当人物培养，我不愿意错过任何一个可能成为人物的人。"

求职结果

李庆欢获得了9盏灯的工作机会。

盈科产业集团：盈科旅游集团总经理助理；

熊逸放
亿航无人机
联合创始人兼 CMO

亿航无人机（熊逸放）：北京地区的销售岗位；

福能集团：销售专员；

通灵珠宝：三个岗位，一是运营方向，蓝色火焰专卖店管理，从一个店的经理助理开始做起；二是市场营销方向，翡翠恋人的现场执行，有很多的道具需要管理，还有一些植入广告的管理；三是销售岗位，乐朗葡萄酒渠道拓展；

　　麦子学院（张凌华）：校园推广专员；

　　优胜教育专员：太原和西安运营专员；

　　健康有益：销售专员；

　　西默科技：招商加盟专员；

　　金融一号店：推广专员。

> 张凌华
> 麦子学院
> 首席运营官

　　李庆欢选择了盈科产业集团和通灵珠宝竞价，梅向荣提供的待遇是6000元+/月，沈东军提供的待遇是4000元+/5000元+/月。最后庆欢选择了通灵珠宝，她认为自己的性格不适合做文员类，沈总这边跟她的性格比较匹配。

经验之谈：有野心、能折腾，把自己当成人物来培养

　　李庆欢对自己大学时期的总结是"非常折腾"，她所学的专业是体育教育，这是一个就业面比较窄的专业，将来的对口就业方向是体育老师。然而，庆欢并没有把自己的职业生涯局限于自己的专业方向，来到《非你莫属》她想求得一份销售、市场或助理类工作。

　　虽然庆欢的求职意向与她的学习专业并不相关，但是应聘这个岗位对她来说也是很有优势的。在大学期间她除了学习专业知识以外还参与过各种各样的实践活动，从而锻炼了自己的各种能力，比如敏感的市场意识、吃苦耐劳精神、危机处理能力、人际关系处理能力、沟通能力，等等。这些专业知识以外的能力恰恰是她的目标岗位所需要的基本素质，所以说她在大学期间折腾出来的这些能力成了她面试中最重要的筹码。

在面试过程中，通过庆欢对主持人和BOSS问题的阐述，可以看出她的逻辑思维能力很强，而且在自主创业中表现出很强的组织和策划能力，以及团队领导能力。

谈到自己最引以为豪的卖被子经历，她说可以分为三步：找到供货商——招募团队——展开工作，并且把自己怎样拓展业务也交代得很清楚，在第一次得到了比较好的销售业绩之后，第二次她把业务范围扩大到其他学校，第三次她跟学校导员和迎新生工作人员合作，让自己的业务占领更大的市场空间。在这一过程中所体现出来的市场意识对企业的发展也是非常重要的。

在自主创业里面打着卖电话卡的噱头卖被子的招聘方式反映出她的灵活应变能力，懂得变通，深谙采取迂回的方式达到目的之道。

在"天生我有才"环节，庆欢展示了自己的幻灯片，把自己在大学期间的创业经历和担任学生干部以及参与的校园活动都罗列了出来，并且把这些活动锻炼了自己哪方面的能力也一一对应：

组织团队卖被子——发现市场、调查市场、了解同行竞争力以及处理危机的能力；

春节期间卖对联——吃苦耐劳，努力追求自己想要的生活；

在校园做宽带业务——沟通能力和亲和力；

在健身房做兼职——专业知识能力，对自己未来的规划更加清晰：三个月成为人员，一年成为人才，三年成为人物。

庆欢虽然年纪还很轻，但是她的气质很成熟，在大学期间丰富的实践活动让她对自己有了非常清晰的认识。这种职业形象给在场的BOSS留下了非常好的印象，她说自己是一个很有野心的人，在三年之内她会成为一个人物，这些都让现场BOSS对她充满期待和信心。

可以说，庆欢在大学期间的折腾，为她将来成为人物奠定了扎实的基础。只有想不到，没有做不到，只有敢于把自己定位成人物才能让老板相信自己是个人物。

编者语：能力是折腾出来的

专业知识以外的能力，一定不是坐在教室里研究课本能够得来的。如果只关注自己的专业知识，而不注重培养自己其他方面的能力的话，到毕业找工作时恐怕也只能走专业路线这个独木桥。理论知识可以来源于书本，实战能力一定要在实践中才能培养出来。

大学期间那些能折腾、会折腾，经常参加或组织各项实践活动的学生，往往在人际交往方面具有更多的优势，在待人接物时能够表现出更加优秀的素质。这些能力和素质在将来的职场中也会发挥作用，有助于我们更快地融入职场环境，同时也能够增加我们的晋升机会。

当代大学生面临着巨大的就业压力，在学好专业知识的同时不妨多掌握几种职场必备的其他方面的能力，为自己将来的就业增加筹码，拓宽自己的就业面，给自己增加更多可选择的机会。抛开专业和学历，如果我们还有其他能拿得出手的特长和优势，也许这将成为我们以后所依靠的"铁饭碗"。

德才之间，孰轻孰重？

　　企业选拔人才通常要讲究"德才兼备"，德才兼备固然是好，但人无完人，并非每个人都能够做到德才兼备。那么在二者不能兼得的情况下，德与才到底哪一个才是最重要的，面试官更看重选手的"德"还是"才"呢？下面我们针对这个问题进行分析。

　　自古以来，历代英明的君主和政治家就深刻地认识到完美无缺的人是非常难得的，全才全德的人实属罕见。司马光在《资治通鉴》里对德与才有精辟的论述："才是德之资，德是才之帅；德才全尽谓之圣人，德才兼亡谓之愚人；德胜才谓之君子，才胜德谓之小人；君子挟才以为义，小人挟才以为恶。"

　　意思是说：才是德的辅助，德是才的统帅；德才兼备的人是圣人，无才无德的人是愚人，有德无才的人是君子，有才无德的人是小人。品德高尚的人把才华用来行善，品质恶劣的人把才华用来作恶。

　　在现代企业中，根据德才的关系也可以把企业员工分为四种类型：无才无德、有德无才、有才无德、德才兼备。企业对这四种类型的人有着明显不同的态度：德才兼备，破格使用；有德无才，培养使用；有才无德，控制使用；无才无德，坚决不用。

《非你莫属》总面试官涂磊在节目中说过这样一段话："企业用人无非是看两方面：一个是德，一个是才。一个有德而无才的人，其善多为小善，谓之为平庸；一个有德而有才的人，其善多为大善，谓之为高尚；一个无德无才的人，其恶多为小恶，谓之为猥琐；一个有才而无德的人，其恶多为大恶，谓之为邪恶。"

相比较而言，企业对于德的重视要高于才，因为"有德无才"的人在进入企业以后经过一系列的培训是可以有所提高的，而且他们对企业并没有什么损害。但是相反有才无德的人就不一样了，他们有能力、有智慧，并且可以用自己的才华去做一些危害企业的事。这类人比无才无德的人更加不好控制，由于手段高明，其干了坏事也不容易被人发现。如果一旦进入企业的重要部门或重要岗位，将有可能对企业造成极大的危害。

因此，面试官代表企业在选拔人才时把选手的品德看得比较重。为了赢得面试官的青睐，求职者一定要树立正确的价值观，在面试中首先要做到诚实、踏实，不能为了表现自己的能力而过分地伪装自己以至于给面试官留下不诚实、虚伪的印象。谎言一旦被拆穿将会掩盖自己所有的长处，"一失足成千古恨"。

非你莫属：求职故事再现

求职者姓名：薛峰

节目时间：2015年5月18日

最高学历：本科

就读院校：吉林农业大学，家政学专业

求职意向：管培生，业务类或助理类

25岁的薛峰是一个外形非常好的男选手，即将毕业于吉林农业大学家政学专业，来到《非你莫属》想寻求一份管培生、业务类或助理类工作。薛峰的出场非常高调，他信心满满地说："如果接下来我的表现，各位老板觉得适合做领导，那么我做领导。"

涂磊问他大学期间除了学习还做过什么。薛峰："大一我加入学生会，做到了学生会学院的副主席兼外联部部长，就是学校一个部门的主席；我自己创立了一个兼职团队，大概200人，我在给一个电商做零促，负责大学生的招聘培训以及各个店面的分配；我自己办过补课班，初中升高中的补课班，办过两期，盈利5万元；我还在一个省会培训机构做市场，从基础开始做到主管。"

岳华："你的实践经历中写的'2012—2014年''2013—2015年''2014—2015年'，全是穿插重叠的。"

> **岳华**
> 顶级摄影
> 创始人

薛峰："我知道老板肯定会问我这个问题，我是一个一直在忙的人，我有三个手机，一直在接电话，我同时可以处理很多事，每天晚上我的床头会列上一条一条的第二天要做的事。"

岳华："我问这个问题的意思是，如果你是用两年的时间在长春手绘培训学校为这个企业创收30万元，那也没有什么。"

罗敏："我对你自己有200人的兼职团队那个事情比较有兴趣，你能大概讲一下吗？"薛峰回答说这是一个大学生的兼职团队，他在帮一个电视品牌做零促时利用工作之便，在平时做活动时顺便记录一些愿意做兼职的同学，然后把他们聚拢在一块建了一个微信平台。罗敏又问他平时这200个人除了这一件事情还做什么。薛峰："我把我的名片发给婚庆公司或者传媒公司，告诉他们我这儿有兼职团队，有礼仪、临时发单员、临时促销员，他们有活动的话会给我打电话。"就像一个经纪人一样给这200多个人去派活，然后从中赚钱。

罗敏问现在这个微信群还在不在，薛峰马上回答说这个群已经转手给学弟了。他的回答很明显是有漏洞的，有点心虚的意思。罗敏："就算你转手了那你现在还在这个群里面吗，你能把手机拿出来让我们看一下吗？"BOSS主要想看一下他是不是那个微信群的创建人，这时薛峰解释说自己不是创建人而是被拉进去的，然后把自己设成管理员。

经过徐睿证实，他的手机里面这个所谓的兼职群没有任何记录。薛峰坚持说自己真的有过这个创业经历。面对BOSS们的质疑，薛峰对于他不是这个群的创建者予以否认。薛峰："这可能就是我描述得不对了，因为说我'创建'可能和我'创业'有关，我直接就用'创建'这个词，而我只是里面一个参与者。"

郝颖："在参与管理这个群的时候，这个群一共给你创造了多少价值？"薛峰说没有统计过，他回答得非常含糊："1万元多一点。"郝颖反问道："如果这个群经过你的这种兼职管理，就能得到1万多元价值的话，你没有理由轻易放弃它。即便是你毕业了，这个群依然可以为你创造价值啊！"薛峰说这样就会增加他的负担，显然没有任何说服力。

罗敏："接下来有个机会，就是踏踏实实地把你到底做了些什么事情，特别是关于这200多人兼职的情况讲清楚，因为老板们的眼睛都是雪亮的，是你做的就是你做的，不是你做的不要往自己的头上安。"

涂磊："在这个舞台上，踏踏实实、接地气的人会走得很远，把话说得太满或者虚张声势的人会死得很惨。我告诉你这是我站这么久的经验，不光是你，我也是这样，我要是撒了谎我也会死得很惨，所以我劝你踏踏实实地说。"

罗敏："在那个群里面你也是被别人拉进去的，然后你有一些业务机会在群里面发布，所以这个群的创建跟你是没有任何关系的。你也不能说自己是里面的参与者，你只是被拎进去了。"薛峰对这种怀疑给予承认。慕岩："那你为什么还说把它转让给别人了，你怎么转让的，你都没有拥有它你怎么转让的？"

薛峰："就是他可以用我那个微信去发消息，比如说我把电视的品牌转让给他，我让他带这些做培训的学生去做兼职。他用我的微信账号登进去就行了。"对于薛峰的回答慕岩表示非常不能接受。

慕岩："用你的微信账号登录？那你自己平常跟别人联系的信息不都被他看到了吗？你把密码账号都告诉他了，只要他一登录你这边自动退出你啥都干不了。"他认为薛峰的智商正常的话不应该这样做。郝颖说："你可以把他拉进去，他可以以自己的名义去发广告，他为什么一定要用你的微信呢？"这明显就是很难自圆其说。

罗敏："大家提示你的是你现在还有机会，你越描越黑了。我刚刚已经给过你三次提示，我说过去的就已经过去了，然后你要正视现在的问题，你用另外一个谎言去遮掩上一个谎言，这又何苦呢？"在涂磊向薛峰证实这是一个谎言后，大家对这个事实感到非常不可思议。罗敏又说："因为这一件事情我们不得不怀疑你的补课班，不得不怀疑你的所有的东西。"薛峰说他刚才就联想到了，可能这一个小的谎言会让大家质疑他所有的东西。

薛峰的表现让在场的BOSS都很失望，但仍然有两位BOSS给他留灯，一位是理财范的申磊，一位是得尚文化的马锐，他们认为今天对薛峰而言是非常宝贵的一课，相信他以后在做事的时候会更踏实、更真诚。但是现场其他BOSS认为在他多次撒谎后再给他留机会是对他的不负责，也是对观众的不负责。为此BOSS团展开了激烈争论。

主持人涂磊最后决定，基于现在已经到了"天生我有才"环节就按规则继续执行。薛峰的PPT展示了他在大学期间获得的一些专业证书，包括优秀学生干部以及奖学金证书；还有他在学校参与组织的一些活动，这些活动需要的大部分经费都是他带着自己的团队拉回来的赞助；另外，他参加过2014年"大学生创业"项目，获得国家级铜奖、省级银奖。

求职结果

谢谢再见。

给薛峰留灯的企业是理财范和得尚文化，他们给出的薪酬都是3500元。得尚文化提供的是销售岗位，理财范提供的是营销中心的执行和策划。经过考虑后薛峰选择了放弃两位老板给的工作机会，他的选择给自己赢得了掌声，虽然由于他的谎言被揭穿把自己弄得十分狼狈，但是他选择从头开始是非常值得表扬和鼓励的，从此他翻开了自己人生中光辉的一页。

尹峰："通过看PPT我觉得大家能够看出其实这个孩子很有能力，他就应该自己去找机会，不需要任何人给他机会，不需要同情，他就应该独立、自信、坚强地用自己的人品和能力站起来。"

涂磊："他在这个舞台上有了一个错误，有了一次原谅，有了一次新的开始这不是挺好吗？我就特别希望这个孩子今天在这儿能够真的认识到这个问题，我也特别希望，他走的时候是坦诚地走的，这比我拿了十场节目的通告都高兴。"

薛峰："看到有两位留灯的老板，我就非常感激了，其实他们留灯的同时我的内心已经是谢谢再见了，因为我应该为这个谎言付出代价，在以后的生活和工作中要真诚地对待每件事、每个人，重新开始。"

经验之谈：经验可以没有，诚信不能丢

在以上案例中，求职者薛峰是一个典型的大学毕业生，他的专业对口的就业方向比较单一，就业面比较窄，所以他选择了不走专业路线，想从事销售或者助理类工作。为了给自己增加就业机会薛峰努力想把自己包装成一个非常有能力、经历非常丰富的人才。他说自己在大学期间有过很多创业实践的经历，这对于将来走向职场是非常宝贵的经验。

薛峰的出场很高调，很有自信地说出自己的求职宣言："如果大家觉得我适合当领导，那么我当领导。"说实话，作为一个职场小白，在没有任何正式的职场经历的前提下敢在面试官面前喊这样的口号是非常不受欢迎的，这样过分地夸大自己容易给人留下不踏实的印象，很容易让面试官觉得他的话是有水分的。

在一开始岳华对他的几个实践经历在时间上有交叉的问题进行提问时，他在没听完面试官的问题时就急于抢答，急于表现自己有多么忙。实际上BOSS是想说他的这段兼职经历为企业创造的业绩很一般，并不突出，这样一来显得他自己有点自作聪明了。

接下来的面试就更为尴尬了，罗敏问到他的创业经历时他非常有信心地侃侃而谈，但是没想到罗敏竟然会让他拿出手机来打开微信，验证那个群的创建者是不是他本人。这时薛峰急忙辩解他不是创建者而是被拉进去之后设置为管理员，这就有些自相矛盾了，不得不让大家开始怀疑他。

徐睿证实了微信的聊天记录是空的，薛峰非常坚定地说自己真的有过这个群，但是找不到了。罗敏："就算你暂时把它给忘了，但之前你把话说得有点太满，你说你是创建了一个200多人的兼职群，你刚才又

说你不是这个群的创建者，你只是一个管理者。创建者和管理者是有很大不同的，就是从0到1的这个过程很重要。如果是你建立的，你应该是这个群的第一个人。"

薛峰完全没有想到现场的老板会这么刁钻，会让他翻开手机来查看，但是谎言已经说出来了，为了不让自己的谎言被拆穿他试图用其他的谎言去掩盖。

后来郝颖问他在参与管理兼职群的时候给他创造了多少价值，薛峰说有1万元左右，这就更加让老板们怀疑他所谓的管理群的真实性，因为经过他的兼职管理就能得到1万元的收入的话他没有理由轻易放弃。他说这样会给自己将来的工作增加负担，显然不足以让BOSS团相信。

这时罗敏提醒他还有机会，让他踏实地回答问题，他表示自己很明白，但是当慕岩问他转让是怎么回事的时候他还是想努力去圆谎，仍不是坦诚回答。因为他不是创建者，也不是管理者，所以无所谓转让这件事，但他仍然坚持说把自己的微信号和密码告诉他的学弟。使用过微信的人都知道如果让一个人登录账号以后他就会掉线，这肯定会影响他的正常使用。而且他完全没必要"转让"，把这个人拉进群就可以了。

谎言一定是有漏洞的，他努力地想用另外一个谎言去圆上一个谎言，但是BOSS团的步步紧逼让他难以自圆其说，陷入非常尴尬的境地。在这种情况下他被迫承认自己从来就没有创建群，也没有管理群，只是被拉进去的参与者，也从来没有过所谓的转让，大家都可以在里面发消息。

陈昊："现在学生面试也太大胆了。"最可怕的是罗敏已经非常严肃地警告过他，但是他还在继续圆谎，最后因为这一件事让现场的老板对他所有的经历都开始怀疑。薛峰的侥幸心理最终还是没有如愿，虽然有两位老板愿意给他重新做人的机会，但是面对自己被赤裸裸地揭穿的现实，他没有接受这个工作机会，对他来说这应该是他人生中最昂贵的一课。

在薛峰展示的PPT里面大家都能看得出他其实是有一定的管理和组织能力的，获得过很多证书和奖项，但是由于之前的谎言一切都被抹杀了。

段冬："薛峰，你学的家政学，我是最想要你的那个人啊，我们公司可能没有学家政学的人，我是最想要你的那个人，但是都不敢要，我在这个时候不得不灭灯，我刚才是狠心灭灯啊。你知道要是在公司里边面试你这样一个人我会怎么做吗，也许我在第一时间不能发现你骗了我，但是一旦我发现你骗我，哪怕你工作一年、两年、三年、十年……我都会把你开掉，哪怕现在你是个高管，而且我要给公司所有人通告这样的行为，这就是我的红线。"

薛峰的专业跟58同城是比较对口的，但是他错过了这么好的一个机会，段总的这段话掷地有声，也是给所有想抱着侥幸心理蒙混过关的年轻人一个忠告。最后薛峰选择放弃这个工作机会，也告诉我们他真的从这件事上得到了教训。最后的采访中他说了这样一段发自肺腑的话："看到有两位留灯的老板，我就非常感激了，其实他们留灯的同时我的内心已经是谢谢再见了。因为我应该为这个谎言付出代价，在以后的生活和工作中要真诚地对待每件事、每个人，重新开始。"

这个结果是圆满的，就像尹峰所说的那样，薛峰其实很有能力，他不需要任何人给他机会，他应该用自己的人品和能力重新站起来。在《非你莫属》这个舞台上上了宝贵的一课，从此有了一个新的开始，这比他在这里找到工作的意义要大得多。

编者语：品质也是竞争力

薛峰的求职故事是一个非常典型的案例，他的经历告诉我们一个道理：对于应届大学毕业生而言，没有工作经验并不可怕，能力不足也不要紧，但是最起码的诚信一定要有。面试官的眼睛都是雪亮的，任何人在求职中都不要抱着侥幸心理去作弊，一旦被揭穿将对自己的形象造成无法弥补的损失。

我们之所以把这个案例写到书里，也是希望更多的年轻人、更多的求职者在找工作的时候能够引以为戒：不要心怀侥幸，踏踏实实做事、实实在在做人。品质也是竞争力，大学生求职应该建立起真正的自信心，拿自己的真才实学去应聘，即使自己什么经验也没有一样可以以自己的品质得到面试官的认可。

工作经验对于面试来说的确非常有帮助，但是作为应届毕业生没有实践经历也是很正常的，没有必要拿一个谎言去遮盖自己的"白纸"。一旦被揭穿，装了一半装不下去，到最后真诚也没有了，能力也没考出来，就可悲了。

创业经验在职场中也可以复制

大学生创业已经不再是一个陌生的话题，很多大学生在校期间除了学习之外还会参加很多学校社团组织的一系列活动，在掌握专业知识、文化知识的同时还可以锻炼到自己各方面的能力。

随着大学生创业政策的深入实施，以及互联网产业的进一步发展，电子商务成为大学生创业的热门行业，比如微商就是一个非常适合在校学生和在职人士创业的项目。在大学生中也不乏微商达人，他们通过微商创业逐渐使自己掌握了一些销售技能和管理能力。

校园创业者除了要考虑怎样赚钱，还要考虑怎样发现靠谱的货源；怎样拓展营销渠道，推广自己代理的品牌；怎样招募团队，与加盟代理合作；怎样培训新人，带领团队共同致富。在解决这一系列问题的同时他们也就逐步掌握了一些能力，比如处理问题的能力、团队协作能力、沟通交际能力、组织策划能力、执行能力等，这些能力是我们从书本上学不到的，又是将来走向职场必备的生存本领。

很多大学生创业者在毕业后不会选择继续沿着这条路走下去，因为真正的创业是需要很多必备的条件去支撑的。资金问题、运营能力、对行业发展潜力和市场前景的预测等方面能力的欠缺等，导致创业者遭遇到瓶颈，或者说想进一步扩大经营的难度比较大，于是有些人会选择暂时放弃创业，找一家成熟的公司谋求发展。

我们建议有过创业成功经历的求职者，在面试中应充分利用好自己的这种经历，通过描述自己的创业经历表现出自己的工作能力，以及与目标岗位相匹配的优秀素质，而不是一味地讲自己创业的动机和自己的创业热情。

比如上一章里我们谈到一个叫杨晶元的求职者，她在求职经历中谈到自己的创业经历时并没有把重点放到介绍自己的工作能力上，只是泛泛地说自己付出了很多、管理多少人、公司业绩怎么样。所以后来她遭到BOSS团的质疑，认为她并没有以真正的求职者心态来面试，而是想把自己包装成一个优秀的创业者。

创业经历对未来的职场是很重要的经验，相对于其他没有工作经验的竞争对手来说，在面试中有过创业经历的选手更容易表现出自己的能力。理论来源于实践，在他们创业过程中通过自己的亲身体验，总结出来的成功经验往往会对真正的职场有实际的指导意义。

非你莫属：求职故事再现

求职者姓名：杨思琪

节目时间：2015年12月21日

最高学历：本科

就读院校：天津工业大学，英语专业

求职意向：电商营销类实习工作

20岁的杨思琪是一个非常优秀的90后大学生，就读于天津工业大学英语专业。从小学至今一直当班委并且还担任过学生会干部，上学期间她带领和组织同学参加过很多活动，其中还有过多次声乐、播音主持及表演经历。杨思琪是一位微商达人，从18岁开始做微商，一直坚持到现在。在这几年中，她从单枪匹马的零售逐渐发展成为一个创业团队。在《非你莫属》的舞台她希望可以找到一份电商销售类或策划类工作，薪金不低于4000元。

涂磊："杨思琪是一位微商达人，对于做微商有哪些自己的心得？"

思琪："一开始自己也不会，一个人随便发图随便做零售。做到现在两年了，我总结了做微商的关键其实就两点：第一点是定位问题，也就是说做微商对于你来说只是一个兼职，还是你把它认为是你工作的很重要的一部分。这一点很重要，这决定着你对它的态度。第二点就是信任，不仅要重视顾客对你的信任，还要对自己信任。"

涂磊："讲讲你做微商的必备神器是什么。"思琪说是拍照，对于拍照她有一套自己的经验：每天穿不同的衣服，戴不同的发饰，使用不同的灯光背景。思琪现在做的是护肤品和洗发露的代理商，并且以洗发水的广告为例，讲解怎样拍照效果会更好。

对于杨思琪重视拍照的做法刘佳勇表示赞同，因为对于微商来说，一个产品的卖点，图片占到70%。但是再好的拍照技术也不能够避免大家经常看会厌烦，对此思琪解释说刚才讲了图片的拍摄方式，只是介绍产品时用到的方式，除此之外发广告也是有一些技巧的：

"很多人都会屏蔽微商，原因是发的图没有时间，你什么时候看朋友圈它都在首页，而且重复发产品图、广告词。但是我的朋友圈或者是我教代理的完全不一样。"思琪说做微商不能一味地发广告，朋友圈一定要有自己的生活，微商一定要和生活紧密结合在一起。因为现在人们工作压力都很大，没有人喜欢一翻开手机都是微商，这样的话谁都不爱看。

涂磊问思琪她最近发的一条朋友圈是什么，思琪："刚才在底下吃饭了，我觉得还不错，你们看都有什么？然后他们就在底下互动。"思琪认为做微商除了推销产品还要经常跟粉丝进行互动，不要太商业化，只有这样才能让大家不厌烦。

思琪目前做微商月收入可以达到7000～20000元，这已经是一份不菲的收入了，所以涂磊问她："为什么要出来找工作，继续做微商不是也很好吗？"思琪说她现在大三，找实习工作不会与微商有冲突，希望提前给自己一个合理的安排。

在"天生我有才"环节，思琪详细地介绍了自己对于微商创业的策划方案，思琪对于微商的定位是她在大学期间的一份兼职。"虽然我的团队不是很大，我的年纪也不是很大，这只是我大学的兼职，既然做了就想很认真地做好，让每一个找到我的人踏实地跟着我。"

陈昊："你拿着微商经历作为敲门砖，意向企业又是微商企业，在正规企业感受完、学习完你还去做微商吗？"

思琪："我只把它当成一种兼职，而不是正式的工作。我不想过早地把自己定位于微商。把微商经历作为求职的敲门砖是因为我觉得自己在这方面有优势，比其他零经验的行业要发挥得好。"

涂磊："世界上的悲剧有两种，一种是得到了，一种是没得到。得到了悲剧恰恰在于不过如此，没得到悲剧恰恰在于一直在追求从来没享受到追求之后的乐趣。"

尹峰："我觉得思琪做微商已经触到天花板了，她想进更优秀的微商公司学到更多的东西，然后将来升级做电商做网络销售。"

梅向荣："我觉得你不要去回避那些问题，实际上微商有两种做法，一种是代理别人的产品纯粹做经销；另一种是到企业里面通过微商手段帮助企业实现价值，在里面实现你的晋升。"

求职结果

企业：通灵珠宝；薪资：5000元+/月。

杨思琪最后获得了9家企业的留灯：

西默科技（黄基明）：天猫专员或微商专员；

咖啡之翼：熊样儿市场部专员；

麦子学院（张凌华）：麦圈粉丝活跃的策划助理；

通灵珠宝：一是乐朗葡萄酒的微商，可以成为经销商，也可以通过微商形式销售；二是通灵珠宝的电商；三是管理培训生；

分期乐：品牌专员，梦想俱乐部体制策划和执行；

福能集团：管理培训生；粉丝运营专员；活动执行；

桐人唐：线下销售助理；

亿航无人机(熊逸放)：电商运营；

盈科产业集团：微商最重要的是品质和品牌。

> **张凌华**
> 麦子学院首席运营官

> **熊逸放**
> 亿航无人机联合创始人CMO

思琪灭掉7盏灯留下了通灵珠宝和福能集团这两家企业，通灵珠宝提供的待遇是5000元+/月；福能集团的待遇是6000元+/月。经过考虑思琪选择了通灵珠宝。最后采访中她说："最喜欢的两位老板都给我留灯了，想给自己一个重新的定位，像其他大学生一样去职场工作，感受真正的职场氛围。"

经验之谈：创业经历也是工作经验

杨思琪的求职经历是一个很有代表性的创业者求职的案例，一方面她的创业成功让人称赞，另一方面对他们在毕业后继续创业还是走进职场存在争议。在求职面试中这种成功的经历无疑会给选手加分，前提是能够把自己的能力和价值与工作岗位对接。

杨思琪从18岁开始做微商，在这两三年的时间里她进步非常快，一开始做微商她自己也在摸索，随便做一些零售，但是用了两年时间她就已经发展成一个略具规模的团队，并且有了一份不菲的收入。很多人都在做微商，但不是每个人都能成功，虽然有一定程度的机遇和巧合，但主要还是要靠经营者的管理和策划。可见思琪在电商销售方面的确有自己的一套经验。

在求职现场，她分析了自己的一些心得，在发广告的方式和时间以及内容方面都有自己的研究，并且在粉丝互动方面也有自己的办法，可以说她在做微商这件事上花费了很大心思。这种创意和策划对于同类性质的电商销售是很有启发的，所以这种成功的经验对她的面试是很有帮助的。正如她自己所说，之所以应聘电商类行业是因为觉得自己在这方面有经验，可以在进入职场后发挥得更好。

虽然思琪多次表明自己只是把微商作为自己的兼职，并不想过早地把自己局限于这个行业，但是她仍然像其他求职者一样遭到了BOSS的质疑，陈昊："你拿着微商经历作为敲门砖，意向企业又是微商企业，在正规企业感受完、学习完你还去做微商吗？"

她现在做微商的月收入已经远远比刚进入职场的大学生待遇高很多，如果放弃微商从事某个职业后还要从基础开始做起，想要达到当前的收入水平需要经过一段时间的磨炼；如果继续从事微商的话也是一条很不错的出路。不仅是杨思琪，很多有过创业经历的求职者都会受到这样的质疑，涂磊对这类求职者的心理也做了一个总结："世界上的悲剧有两种，一种是得到了，一种是没得到。得到了悲剧恰恰在于不过如此，没得到悲剧恰恰在于一直在追求从来没享受到追求之后的乐趣。"

梅向荣对思琪表示非常理解，他的分析也给思琪这类的求职者指明了一个方向："实际上微商有两种做法，一种是代理别人的产品纯粹做经销；另一种是到企业里面通过微商手段帮助企业实现价值，在里面实现你的晋升。"在最后采访中思琪说她今天来求职是想给自己一个重新的定位，像其他大学生一样感受真正的职场氛围。

在以上案例中，杨思琪的表现非常值得表扬，她充分利用了微商经历，将其作为证明自己能力的敲门砖，并且她的求职意向也很好地利用了自己的微商经验，所以最后她找到了一份满意的工作。

编者语：创业经验如何对接工作能力

对于校园创业者来说，其创业经历无疑是给自己增加了一种就业机会，他们可以继续创业，把自己的业务拓展到更大的范围；也可以把自己的创业经验应用到正式的工作中，帮助自己更好地发展下去。

大学生创业者在求职过程中应该利用好自己的这种经验和经历，在面试中要通过自己的语言表达，把创业经历中的成功经验转化为目标岗位需要的工作能力。只有让面试官通过了解自己的创业经历，对自己的各方面能力和特长有一个比较全面的认识，才能真正利用自己的经验增加面试成功的机会。

能力不等于价值。招聘方需要的是能够为企业创造价值的人才，所以求职者要想成功地把自己推销出去，需要证明自己有能力凭借过去的经验在职场中发挥自己的优势，为企业创造更多的价值。总之，求职者在面试中介绍自己的创业经历，应该把重点放在突出自己的工作能力方面，让面试官看到自己的优势，找到自己的经验和能力与工作岗位的对接点。

可塑性是一种非常好的优势

大学毕业生找工作面临着非常严峻的形势，很多企业都不愿意招聘刚毕业的大学生，因为它们认为现在的大学教育存在严重的应试倾向，理论与实践脱节导致很多大学生缺乏实际的动手能力。尽管有一些学生在面试中讲得头头是道，真正进入企业后他们很难马上适应工作环境，不能立马上手工作。

对于一些大型企业来说，它们拥有比较雄厚的财力，可能会愿意招聘一些储备人才，但是大部分中小企业都不愿投入额外的成本去培养一个人才，而是更倾向于招聘有工作经验的成熟人才。但是很多大学毕业生由于各种原因无法顺利地进入大型企业，只能面对其不感兴趣的中小型企业。

尽管有一些大学生在校期间做过一些兼职，或者参加过很多校园实践活动，但是与真正的职场经验相比还是没有多大竞争力。更何况在校期间有过丰富的实践活动的大学生也仅仅是一小部分，那些没有参与过校园活动或者兼职的学生也大有人在。

那么对我们这些纯白的"小白"找到工作的优势是什么呢？

没有经验同样也是一种优势，能不能利用好这种优势决定了面试成功的概率有多大。大学生对于社会来讲就像一张白纸，没有任何经历也就意味着他们更容易接受企业的文化氛围，适应企业的各种制度要求，更加容易塑造成企业需要的类型。因此，他们的可塑性比较强，而这种优势是那些有过几年工作经验的竞争对手所不具备的。

作为没有经验优势的职场小白，在求职中应当建立对自己的信心，把自己这张白纸的可塑性呈现给面试官，让他们发现自己的潜力。比如在面试中选手可以谈自己性格方面的优势，乐观开朗、善于交际；或者细心谨慎、注重细节；或者有主见，善于做决定；或者善于服从集体，不愿意出头；或者抗压能力强，勇于面对挫折；或者吃苦耐劳，有上进心，等等。

另外，求职者也可以谈谈自己对目标企业的看法，通过了解企业的经营策略、产品设计等相关内容，对企业的发展提出一个可行的意见或建议。即便你的方案和想法不够成熟，但是可以看出你对企业发展的关注和观察问题、思考问题、解决问题的能力。这通常会给自己的面试加分。

非你莫属：求职故事再现

求职者姓名：李晶

节目时间：2015年12月14日

最高学历：大专

就读院校：河北师范大学，房地产经营与估价专业

求职意向：运营类、助理类的管理培训生

李晶来自河北石家庄，就读于河北师范大学，房地产经营与估价专业，学历大专。2013年9月参军入伍成为一名空军战士，2015年9月退役。到《非你莫属》想求得一份输出方向是运营类或助理类的管理培训

生的工作，薪水要求4000元，工作地点优先考虑石家庄，京津冀地区都可以。

李晶一上场她的外在形象就引起现场BOSS的关注，刘佳勇："现在这种穿着已经很少见了。"

主持人涂磊问李晶为什么选择去当兵，她说自己从小就有公主病，在家里娇生惯养，担心将来没办法适应社会，所以决定去锻炼一下，还说在部队这两年学到的是对祖国忠诚，要有担当、有责任心，对待客户要细心。虽然李晶说自己有公主病，娇生惯养，但实际上从她的简历中可以看出她从小特别独立，父母经常历练她，让她卖过茄子，也去帮父母进过货。

涂磊要求李晶现场培训12位老板站军姿，整体效果还算可以，韩虎提了一个刁钻的问题："如果我不坚持不听指挥，不按要求起来坐下怎么办？"李晶："我会劝您说，这么好的一个团体，您不要破坏这个氛围，不要因为个人的小瑕疵影响训练效果。"

李晶的求职意向是管理培训生，涂磊："怎么理解管理培训生？"她说就是到企业要进行轮岗，在培养过程中企业教会自己很多东西，以后可以上升到管理层。主持人问到她的特长时，她回答说"对人非常细心耐心"。

实践经历方面，李晶在大二时成立"爱支教共同成长小组"，利用业余时间给小学生上课，坚持了一学期；在部队期间获得优秀士兵荣誉称号一次，退伍时作为老兵代表发言。

在"天生我有才"环节，李晶给几家企业提出了一些小建议，在第一章"做个好侦探，了解目标企业的信息"这一节已经提到过：

咖啡之翼——低热量食品系列：现在人们关注健康，让大家放心地吃。

尹峰："现在小白领非常需要，我们正在推养颜健康瘦身的早餐加午餐。"

优胜教育——增加理财课堂：现在孩子的大部分压岁钱很多，每年几万甚至更多，培养孩子财商，可以树立他们正确的人生观，我们可以根据不同年龄段孩子开设不同的财商课程。

陈昊："我觉得特别有必要。"

通灵珠宝——买首饰葡萄酒打折，买葡萄酒首饰打折，双向推广，联盟促销，可以根据买的多少计算出打折的比例，确保利润不受影响。

PVGO——开设PVGO六个月无息贷款：第一学期无压力地找工作或加入PVGO兼职平台，就不至于陷入信用卡陷阱。

刘佳勇：利息谁来负担？李晶回答："作为一个推广费，把这些借贷者吸引到兼职队伍中。"PVGO给他们无息贷款，让他们去代理我们的产品，再用赚的钱还我们的本金。

刘佳勇："李晶身上透露出一种纯真和干净，她在职场中也会透露出那种纯真，是我们难以用世俗抓住的。"

韩虎："她有态度有目标，需要一个引导。这么好的一张白纸，需要我们给她提供一个好的环境。"

徐钊："你在部队待了两年，为什么没有晋升上去？"

李晶："我是女兵排，没有正规女干部带，班长、排长一般都是士官，不会让义务兵当班长，退伍前领导跟我谈话，说不希望我退伍，但那时我还是希望趁年轻到社会中锻炼。"

> **徐钊**
> 速8酒店集团(中国)
> 高级副总裁

刘佳勇："你在部队是属于能张罗事的还是属于参与型的？"李晶说她在团队中一般是扮演服从角色，这说明她是一个很好的螺丝钉。

尹峰："我觉得她不是简单地服从而是热情地参与。她会带来很多思考。"

求职结果

企业：煜隆集团薪资：7000元+/月。

李晶的表现得到了现场BOSS的11盏灯：

虎跃营销：行政助理；

煜隆集团：雅堂之家石家庄总经理助理；

金融一号店：行政助理、运营总监助理；

优胜教育：管理培训生，输出方向是石家庄运营管理；

咖啡之翼：管理培训生；

理财范：公关总监助理；

许怀哲
解决网CEO

福能集团：大客户销售；

桐人唐：商务运营总监助理，北京；

解决网（许怀哲）：解决大卖场、特价海外游成员项目成员，北京；

一嗨租车：石家庄运营方面储备店长；

速8酒店：总部管理培训生。

经过考虑李晶选择了煜隆集团和优胜教育这两家企业进入"谈钱不伤感情"环节，煜隆集团提供的待遇是7000元+/月，优胜教育4000元/5000元+/月。她选择了煜隆集团总经理助理的岗位。

经验之谈：能说能演不如单纯

李晶是一个非常纯朴的大学生求职者，是一个典型的小白，没有任何工作经历，参加的实践活动也比较少：在大二时成立"爱支教共同成长小组"，在部队期间获得优秀士兵一次，退伍时作为老兵代表发言。但是她的可贵之处就在于她把自己非常真实的一面表现了出来，让大家看到她的潜力和培养价值，而没有刻意去表现和夸大自己的特长。

首先，从她的穿着打扮可以看出她非常朴实，没有任何"装"的成分，是非常值得肯定的，现场的BOSS对她的第一印象非常好："很清新。"接下来涂磊问她为什么选择去当兵，她的回答是为了克服自己的公主病，为了使自己更好地适应社会。实际上我们从后面的面试中可以发现李晶是一个自理能力非常强的女生，并不像我们想象中的那种娇生惯养的孩子，她的父母经常历练她，让她亲身体验做买卖的辛苦。

在现场演示训练12位老板站军姿时，她表现得也很有范儿。韩虎问她如果遇到有人坚持不听指挥的情况怎么办，她的处理方式也显得比较成熟，耐心地劝说，以理服人。"我会劝您说，这么好的一个团体，您不要破坏这个氛围，不要因为个人的小瑕疵影响训练效果。"这充分表现出她在解决问题时的冷静，从大局出发，而且还具有团队意识。

在"天生我有才"环节，李晶给几家企业提出了一些非常切合实际的建议，这几条建议深受BOSS的赞同，虽然她不是科班出身，但是表现出来一种非常优秀的素质。李晶在求职现场的表现非常自然、真实，没有任何装饰和表演的痕迹，让大家很容易相信她是具有培养价值的。

刘佳勇表示对她非常看好，他说李晶身上透露出来的纯真和干净是我们难以用世俗抓住的，这种气质在职场中也是一种很优秀的品质。有思想、有目标，又不愿意出风头，愿意服从团队，将来在职场会是一个很好的螺丝钉。

韩虎："她有态度有目标，需要一个引导。这么好的一张白纸，需要我们给她提供一个好的环境。"对于李晶这样的"白纸"BOSS看中的是她的可塑性，如果给她提供一个好的发展环境，给她提供正确的引导，是很容易把她培养成企业需要的人才的。

由于李晶的校园实践经历比较少，正式的兼职经历也几乎没有，所以徐钊针对她在部队的表现提问，想进一步了解她的相关素质："你在部队待了两年，为什么没有晋升上去？"

李晶："我是女兵排，没有正规女干部带，班长、排长一般都是士官，不会让义务兵当班长，退伍前领导跟我谈话，说不希望我退伍，但那时我还是希望趁年轻到社会中锻炼。"可以看出她对自己未来的规划是比较清晰的，她想应聘管理培训生，进入到企业了解企业各部门的同时也对自己的能力有更全面的了解，然后选择适合自己的方向努力学习晋升到管理层。

刘佳勇："你在部队是属于能张罗事的还是属于参与型的？"李晶说她在团队中一般是扮演服从角色，而尹峰认为李晶不是简单地服从而是热情地参与，她会带来很多思考。可见李晶给几家企业提的几条建议是非常能说明问题的，她善于思考、善于出谋划策的特点已经充分展示给现场的BOSS了。

编者语：过分包装真没必要

应届毕业生求职大可不必费尽心机地包装自己，更不能伪造自己的实践经历，没有经验不一定是劣势，做好一张优秀的"白纸"也会抓住面试官的眼球。

无论有没有工作经验，进入到企业以后，一定需要一段时间去适应环境，有过工作经历的员工虽然可以利用以往的经验很快上手，但是过去在工作中养成的习惯不一定与现在的工作氛围相符合；相反，没有工作经验的员工更容易接受企业的文化和制度。所以应届毕业生在求职中完全没有必要掩饰自己的"白纸"，应该把自己性格方面的优秀品质表现出来，挖掘自己的潜力，表现出自己的可塑性。

过度包装真没必要，能说能演不如纯真、干净。所以，有没有经验不是最重要的，关键是一定要有可培养的价值。

团队精神让人更有魅力

团队精神，也就是团队合作精神，这种精神是企业选拔人才必须考虑的条件之一。如果一个员工无法融入团队，无法与同事合作，那么即便他再有才华恐怕也难有容身之地。

人际关系的好坏直接影响到一个人的工作质量，如果整天因为人际关系而苦恼，如何能安下心来工作，更不用说发挥想象力和创造力了。

"一个和尚有水喝，两个和尚挑水喝，三个和尚没水喝。"这个故事想必人人皆知吧，很简单的一个道理告诉我们团队精神是多么重要。每个人在团队中的作用就像是垒墙的砖头，只有凝聚在一起才能成为高楼大厦，否则，如果一个团队内部成员不团结，不以大局为重，各自占山为王，那么到最后还是一堆没用的烂泥。

很多人对团队精神的理解不到位，团队精神与个人英雄主义恰恰是对立的。以前总会有一种争议，"不想当将军的士兵不是好士兵"，我们却认为在团队甘愿当好一颗普通螺丝钉的员工才是好员工。集体的力量是伟大的，个人在集体面前应该主动充当配角。

团队精神缺失的人往往是骄傲自满型的，自我感觉良好，以自我意志为中心。这类人通常会因为一点小成绩就沾沾自喜，觉得自己本事很大，把团队的功劳都加在自己身上，认为自己是出力最大的那个人，以为自己才智过人，等等。

求职者善于表现自己、夸自己是非常重要的，在众多的竞争者中要想给自己争得机会，谦虚、低调固然使不得，可是也不能一股脑儿地往自己脸上贴金，还要考虑自己能不能承受得了。不要过高地估计自己的能力，应该甩掉盲目的优越感。在团队中做好一个辅助性的角色也是非常优秀的，无论自己是不是核心，在团队中都可以发挥作用，都可以表现出自己的能力和特长，没必要把所有的功劳都强加在自己身上。

趋利避害的心理人皆有之，每个人都想把好事往自己身上揽，尽量远离对自己不利的因素。在面试场合中，求职者背负着心理压力，面对实力强大的竞争对手，想把自己表现得更突出一些，这是完全可以理解的。凡事都应讲究适度，在描述一个事实时过分强调自己对成功的贡献，过分地夸大自己在团队中的价值而忽视其他成员的价值，会给面试官留下集体观念淡薄、团队意识薄弱的印象。

一个人的力量是有限的，团队荣誉一定是集体智慧的结晶，求职者不能为了表现自己而片面夸大自己在团队中的作用，甚至把所有功劳占为己有。这样虚张声势地抬高自己，必定会让面试官抓住把柄。集体荣誉也是荣誉，在团队中发挥作用也是能力，团队精神和协作能力也是职场竞争力，所以求职者没必要把自己包装得那么耀眼。

非你莫属：求职故事再现

求职者姓名：宋克伟

节目时间：2015年12月27日

最高学历：本科

就读院校：聊城大学，建筑工程学院土木工程专业

求职意向：销售类

宋克伟，23岁，就读于聊城大学建筑工程学院土木工程专业，在大学期间曾获得过世界冠军，开过水果店，搞过酒店批发管理，也曾垄断过他们学校大四毕业生包裹寄件市场。到《非你莫属》希望找到一份销售类工作，薪金要求最低5000元。

涂磊："一句话形容宋克伟，吃得苦、喝得酒、霸得蛮。先说吃得苦吧，拿到世界冠军是怎么回事？"

克伟："聊城大学龙舟队特别出名，2013年端午节在山西太原汾河举办的第四届世界大学生龙舟锦标赛中得过一金一银。划龙舟特别吃苦，像我们北方，冬天已经很寒冷了，但是我们队员一直坚持训练，为了总决赛能取得好成绩。划龙舟时身上不可能穿特别厚的衣服，在那么冷的条件下，冰凉刺骨的河水砸到你身上根本承受不了。我们是大学生团队，训练和学习两不误，每天早晨6点半去大约6公里以外的东昌湖训练，回来顾不得吃早饭就去学校上课。"

宋克伟是后面打舵的，他不用划，但打舵是个技术活，他说"当一个好舵手没办法让龙舟划得更快，但是绝对有办法让龙舟不减速"。

涂磊："再说说喝得酒吧。"谈到自己的这个特长克伟显得非常自信，竖起一个手指头让刘佳勇猜这个数是什么意思，刘总说是"一箱"，克伟解释说："一直没醉过。"他一个人喝十二三瓶啤酒，回宿舍跟没事一样，白的可以喝一斤半。

涂磊问他喝酒对于他的工作有什么帮助，克伟讲了一件事，就是帮助自己的表哥拉拢了一个客户。但是这种特长能不能作为职场能力还是有争议的，李宇欣："这样总结下来你认为喝酒是一种职场上对你有帮助的能力吗？"克伟很自信地回答："我觉得以后可能喝酒会有帮助。"对此人力资源专家和在场的BOSS都有各自不同的意见：

陈昊："我们问一下人力资源专家喝酒算不算是能力衡量指标？"

朱小兰
《非你莫属》人力资源专家团成员

瞿娜："显然这不能作为能力的衡量指标。"

朱小兰："在成长型公司以及在地方做销售，喝酒确实是可以作为一种能力去帮助销售做客情关系。"

乐露萍："我觉得是这样，如果一个销售人员跟我去谈生意，大家坐在一张桌上，举杯要喝酒的时候销售人员告诉我说对不起我酒精过敏，或者喝了两杯我还没有放弃呢，他说乐总要不你喝吧，我喝高了，我回去会怪那个人力资源。"

刘亚桐："我不同意台上专家和BOSS的意见，说喝酒是一个帮助销售的手段，我不是这么看的，酒的文化是中国礼仪的一部分，端酒敬人表达中国人一种谦虚和好客之意，所以这中间有情。我们企业完全不需要靠喝酒来拉近销售关系，但是我认为任何一个企业都得有情。"

沈东军："如果我们不喝酒，跟一个完全陌生的人在交往过程中就是在谈生意，但是有了酒就有了感情，你就可能谈到感情，谈到很多事情。"

瞿娜
人力资源专家；强生集团全球招募部副总监

陈昊："你的企业需不需要酒吧？"

沈东军："我从来没有要求过我的员工喝酒，但是我今天通过了解我觉得应该会喝酒。"

瞿娜："我希望沈总不要误导求职者认为我不会喝酒我就不能来应聘，或者想做一个销售就要能喝酒。"

陈昊对沈东军的观点不认同："我们第一次喝酒你就喝大了，承诺我们珠宝钻石，后来都没好意思跟你提。"尹峰也表示不同意，她说自己特别反对喝酒做销售，就是因为中国有一句老话叫"酒壮尿人胆"，只有尿人才要靠喝了酒来兑现承诺。

李宇欣："宋克伟把喝酒作为自己职场技能写到简历里我是极力反对的，在职场中正常的销售市场，需要的一定是人际交往能力，但喝酒不是必备之道。还是要掌握正常的销售、推广，整体的思路清晰，才能达到最终的销售目的。"

在人力资源专家和BOSS团产生严重争议的时候，克伟仍然坚持认为喝酒是一种职场优势，他说："我把喝酒作为一种优势，因为有的单子靠喝酒能够拿下来。"

刘亚桐："要靠喝酒拉近品牌与客户的关系，那这个世界上还有比酒更强烈的东西，是不是都要靠这样的东西来达到销售目的呢。我的态度是绝对不要。都是靠你的真才实学、靠你自己的业务本领来完成，这才是每一个老板应该告诉每一位求职者的一个最基本的立场。"

陈昊："既然你今天唯一的意向是销售，那你谈一下销售应该具备哪些能力？"克伟说他的销售能力体现在让客户心甘情愿买他的产品。这个回答很不专业，确实没有表现出他的销售能力。陈昊："好像除了喝酒他没有别的能力。"在这个时候克伟还是非常坚持自己的观点："能喝酒是人天生的优势，这相当于一个人长得帅难道是他的错吗？"

在"天生我有才"环节他展示了自己参加龙舟竞赛的视频，没有其他的能力展示。接下来克伟讲述了他在大学时唯一的一段"创业经历"："当时我只用了7天就几乎把我们大学毕业生包裹市场垄断。我

抓住两个点，大学生比较懒，而且喜欢凑热闹。于是我做了一个告示贴
到宿舍楼下——因学校要迎接专家团来教学评估，任何单位和个人不能
在宿舍楼里发任何广告。"

对于这次创业克伟的成功经验就是冒充学校教务处贴广告，他认为
这是一种手段，结果是几乎没有学生去宿舍楼发广告了，然后他派人去
发广告收到很好的效果。陈昊问谁是这次活动的发起人，克伟说是他的
师哥。

陈昊："我为什么会灭你的灯，你在每提到一件事时总是以自己
为中心，比如你说你得了全国冠军、全世界冠军，结果是团队荣誉，你
不是出力的那个，但你说你的技术最重要；关于这次创业经历你说是
你的主意，结果是你师哥发起的。我担心你到企业以后抗压能力会有
问题。"

克伟解释说，他觉得自己不是一个不以集体为荣的人，为了证明自
己他讲了一个案例："我们每次比赛，教练让收手机，怕影响休息耽误
比赛。当时所有的队员不愿意把手机交上去，因为要向家人报平安，我
觉得这是人之常情。当一个舵手必须成为教练的心腹，因为舵手在后面
谁用力谁不用力看得一清二楚，一般情况下为了团队发展我肯定会告诉
教练，但有时候真违背了人之常情，我会以团队意见为重。"

对于宋克伟的做法BOSS团是有争议的：

乐露萍："这是一个价值观问题，他并没有忠于教练。"

陈昊："我想帮你给你机会证明自己，但是你说了一个两面派
的事。"

尹峰："这件事我要支持他，在企业里最麻烦的是所谓的忠于领
导、忠于制度，不忠于事情，我们真的忠于事情、忠于结果就应该看怎

样做是最好的。"

刘佳勇："他完全可以跟教练说出观点获取允许后做。"

尹峰："他就是不会说，但他是忠于结果的。"

瞿娜："我们要知道有沟通这一件事，如果当时你不同意教练的说法，你有没有尝试隔天沟通呢？"

克伟："我沟通了，我把我的想法告诉了他。"

刘佳勇："那你必须再把你的观点表达一下，我们争论的前提是你没有沟通。"

熊逸放："以色列的士兵是这样的，让能听得到炮火的人去做决定。"

尹峰："还有一本书叫《把信送给加西亚》，现在很多团队中一些职业经理人拿着制度和领导在说事，假大空，不为结果负责，弄得大家都很忙，我宁愿这个团队是为结果负责的。"

我们可以看到，在宋克伟讲述了这件他认为是自己以大局为重、以集体为重的案例后，又一次引起了BOSS团的争议。结果是一场误会，大家以为他事先没有跟教练商量，自作主张，实际上他事先跟教练沟通过了。

刘亚桐最后总结了克伟在面试中的几种问题："把喝酒当能力，身带江湖气；任性，随意改变老板制定的规则；固执，自以为是，沟通能力极差，不接受忠告，拒绝成长。"宋克伟对这些评价一时难以接受，意欲给予反驳。刘佳勇："最后，你的反驳让我又给你减分了。"

求职结果

企业：分期乐；薪资：4500元+/月。

宋克伟获得了6家企业留灯：

盈科产业集团：盈科咖啡加盟事业部加盟专员；

分期乐：片区经理；

通灵珠宝：乐朗葡萄酒渠道推广；

咖啡之翼：营建部专员，从拓展、选址、商务供应链角度切入运营；

西默科技：招商加盟专员；

金融一号店：销售岗位。

经过考虑后他留下通灵珠宝和分期乐进行价格PK，通灵珠宝待遇是4000元+/月，分期乐4500元+/月。

最后宋克伟选择了分期乐，对这个结果他也比较满意："我的目标企业就是这两家，分期乐的薪资跟我的目标一致。"

经验之谈：以自我为中心不可取

在整个面试过程中宋克伟一共讲了四件事：第一是参加学校的龙舟队获得世界冠军的荣誉称号；第二是靠自己天生的酒量帮助表哥谈下了一个客户；第三是在师哥的带领下垄断了毕业生邮寄市场；第四是参加比赛时为团队争取利益，说服教练不要收手机。

但是如果单从宋克伟的一面之词我们对整件事的理解是有偏差的，宋克伟在介绍这些经历时完全把集体荣誉说成是自己的个人功劳，实际上他只是其中一个参与者。下面我们对他的面试经过详细分析：

克伟一上场自我介绍时就说自己"在大学期间曾获得过世界冠军"，正常情况下我们都会以为是他自己的个人项目获得了世界冠军。但是在后面他介绍自己的获奖经历时，大家才明白这是一个团队荣誉："聊城大学龙舟队特别出名，2013年端午节在山西太原汾河举办的第四届世界大学生龙舟锦标赛中得过一金一银。"在这个团队里面克伟担任舵手，就是掌握龙舟方向的，虽然他的角色很重要，但是获得世界冠军是整个团队共同努力的结果，而不是他自己一个人的功劳。

在这件事上，如果克伟把自己的团队精神、团队合作能力作为重点说明的话同样会给自己的面试加分，没必要为了强调自己的作用掩盖整个团队的力量。这样做给现场的BOSS留下的印象是自以为是、以自我为中心、集体观念差。尽管事实上克伟在团队里面可能是一颗很好的螺丝钉，但是这样一来把自己的优点也掩盖了。

第二件事是谈自己的酒量大，他说自己喝啤酒从来没醉过，但是后面又说一个人喝十二三瓶啤酒，回宿舍跟没事一样，白的可以喝一斤半，这跟从来没醉过绝对不是一个量级的。虽然他的酒量确实不错，但是由于事先夸大了自己，让老板对他的期望值高了，结果说出自己的实际酒量会让大家感觉"不过如此"。

对于喝酒能不能帮助销售，能不能作为能力衡量指标，人力资源专家瞿娜的意见是不能，但是另一位人力资源专家朱小兰却认为："在成长型公司以及在地方做销售，喝酒确实是可以作为一种能力去帮助销售做客情关系。"他们的意见也代表了现场BOSS的不同意见，以陈昊、尹峰、刘亚桐为代表的反对派认为喝酒绝对不是一种销售能力，也不提倡员工喝酒做销售；以乐露萍和沈东军为代表的支持派认为喝酒对于谈生意有一定的帮助作用。

虽然现场有部分BOSS支持克伟把喝酒当作销售的辅助能力，但是很显然这绝对不是做销售的必备技能，做销售还是应该靠自己的真才实学和人际交往能力，把喝酒作为能力写到自己的简历中是不可取的。

另外，宋克伟最大的败笔就是他把自己能喝酒当成了成功拉拢客户的唯一因素，在讲述他和表哥一起见客户的时候对他表哥只字未提，他把自己的贡献夸张得太大了。这同样也是以自我为中心的体现，片面强调自己的功劳，好像拉拢这个客户除了靠他喝酒就没有别的，这不得不让面试官对他产生了质疑："仅仅靠喝酒就能达到销售目的吗？"

克伟坚持认为："能喝酒是人天生的优势，这相当于是一个人长得帅难道是他的错吗？我把喝酒作为一种优势，因为有的单子靠喝酒能够拿下来。"这种盲目的自信让他在面试中显得固执。

在"天生我有才"环节他没有展示自己在大学期间的其他实践活动，只展示了一段参加龙舟竞赛的视频，而这个比赛的荣誉不是属于他个人的。关于个人方面的优势他讲了一段在大学时的"创业经历"，也就是第三件事，与之前讲的龙舟竞赛获得世界冠军一样，克伟的描述又让大家产生了误会。克伟把整件事的成功都据为己有，让大家误认为他是发起人，陈昊问到这次活动的发起人是谁，克伟说是他的师哥。

我们可以看出克伟实际上是一个诚实的人，并不是故意去隐瞒事实，因为当老板进一步追问时，他并没有隐瞒真相。至于为什么他把事实描述得不切实际，有给自己戴高帽的嫌疑，我们认为陈昊说的一句话非常能说明问题："你每提到一件事总是以自己为中心。"

第四件事是克伟为了证明自己不是一个不以集体为荣的人，讲了一个"两面派"的案例，最后他的总结是："一般情况下为了团队发展我肯定会告诉教练，但有时候真违背了人之常情，我会以团队意见为重。"本来克伟的做法是非常值得表扬的，在规则与结果之间他选择了结果，说明他做事是以结果为导向的。

但是为什么又一次引起了BOSS团的争论呢？原因是克伟在表达中又一次以自我为中心，片面夸大了自己在事件中的决定性作用，他没有把自己与教练进行过沟通这个细节讲出来，以至于让大家误会他对教练不忠。

在案例中宋克伟先后四次表现出以自我为中心、夸大自己的贡献度。我们可以看出他的几次成功都是在与其他人合作的情况下完成的，并不是他自己一人的成绩，这本来是无可厚非的。但是，宋克伟每提到一件让自己感到骄傲的事、能说明自己能力的事的时候总是给大家一个误导，让大家以为这件事是他一个人的策划、一个人的主张、一个人的功劳，这一点就容易引起怀疑了。

编者语：自我感觉良好还不是真的好

自我感觉良好、以自我为中心，是团队精神和集体观念最大的敌人。以自我为中心，往往是由于骄傲自满的情绪，导致对自己的判断不够理智、客观，夸大自己的贡献，高估自己的能力，对团队的概念模糊不清。

自我感觉良好是面试的大忌，很多求职者在面试中自己感觉发挥得挺好但是没有被录用，类似现象屡见不鲜。自我感觉良好必定会缺少应有的自知之明，所以无法做到正确看待自己。在面试中求职者过高地评价自己的现场发挥，将会使自己由于盲目自信而忽视面试官的反馈意见，给面试官留下主观、固执的印象。

另外，这类求职者很容易被自己的主观意识所蒙蔽，把自己的某些个人习惯或特点当成是优点，在面试中大发议论。但是没有考虑到面试官的感受，遭到批评的时候还不能及时发现自己的错误，这是非常危险的。表现失误并不可怕，可怕的是你明明已经失误了却还把这当成自己的优点夸夸其谈。

小 结

本章对求职者在面试中应该表现和突出的几大优势一一进行了分析：

第一是专业优势，对于专业人才而言，有实力就是可以任性，因为专业技能是最实在的竞争力。

第二是校园实践经历，专业以外的能力和素质也很重要，要想成为人物一定要敢想敢做，能力是在实践中培养出来的。

第三是良好的道德素质，经验可以没有，诚信不能丢，品质也是竞争力。

第四是校园创业经验，创业经历也是工作经验，创业成功经验也可以服务于职场。

第五是可塑性，作为职场小白拥有可塑性是一种非常好的优势。

第六是团队精神，自我感觉良好还不够，不要以自我为中心，理智地评估自己的能力。

笔者认为，求职者面对眼光挑剔的面试官一定要善于突出自己的优势，把自己的实力和潜力充分展示出来。企业招聘一个人往往是看中他的优点，而不是因为他没有缺点，与其费尽心机地掩盖自己的劣势，不如把自己的优势包装得更耀眼一些。

| 第五章 |

心态决定命运，你怎么看

乐观，给面试官一个相信你的理由

在面试中，求职者展示能力和素质固然重要，但精神风貌的好坏也直接影响面试官对他的整体评价。一般来说，任何一家公司选拔人才都倾向于对那些积极、乐观、充满正能量的员工感兴趣。

乐观的人运气好，因为乐观的人无论遇到什么问题都能以积极的态度面对，在以清醒理智的自我评价为前提下，提出最接近成功的解决办法，发挥出自己最大的能力，办事成功的机会就更大。悲观的人往往在困难面前会退缩，因为他自己就把自己否定了。这类人遇到问题时总是在意念中给自己设置出无数个障碍，使自己背负着巨大的精神压力，以至于自己无法做出正确的判断，因此会错过解决问题的最佳时机，从而导致失败。

乐观的态度在面试中有助于求职者表现自己的能力和素质。积极、乐观、进取的精神状态可以使求职者在面试中表现出真正的自信，遇到各种陷阱问题和突发状况都能够泰然处之，游刃有余地表现出自己的优势，从而得到面试官的青睐。

积极乐观的精神状态，对于企业员工的职业发展而言是一种非常有优势的竞争力。乐观精神可以让人对枯燥、乏味的工作产生浓厚的兴趣，心态乐观的员工往往比悲观的员工表现出更高的工作效率和执行力；而且乐观精神是可以传染的，在团队中还会影响到同事的情绪，对其他员工的工作效率也会起到积极的促进作用。

员工只有在工作中以乐观的态度面对困难和挫折，增强解决困难的信心和勇气，才能表现出自己最大的能力，为企业创造最大的价值。反之，在工作中的消极心态和悲观精神状态，不仅会干扰我们对事情的理智判断，还会影响我们的处事态度，最终对整个团队的业绩造成损失。

面试的时候面试官都比较关注一个选手的性格和态度问题，因为在企业这个团体中，每一个成员、每一位员工的精神状态都有可能影响整个团队的整体面貌。如果一个团队中多一些积极乐观的人，就可以把整个团队的气氛带动得活跃起来。这种乐观的心态所传达出的正能量，是团队发展、公司壮大所必须具备的条件。

乐观精神对于提高员工工作效率、增强团队业绩有着非常重要的意义，所以求职者能否给面试官留下积极、乐观的印象，对于其求职成功的概率有着十分重要的影响。

非你莫属——求职故事再现

求职者姓名：张蒙

节目时间：2015年6月1日

最高学历：本科

就读院校：吉林工商学院，英语专业

求职意向：管培生

张蒙是吉林工商学院英语专业一名应届毕业生，她很有才华，也是一个非常认真、非常细心的求职者，在参加《非你莫属》前做了很充分的准备。在第一章里我们讲过她的案例，她一上场就朗诵了一首包含

《非你莫属》开播以来BOSS团数家招聘企业和评委老师姓名的诗歌，赢得了BOSS团、主持人以及现场观众的关注。另外，她还对自己感兴趣的企业趣分期的营销和推广提出了自己的建议，把自己的能力充分表现出来，得到了BOSS团的认可。

——售后服务：在趣分期的网站上增加兼职信息的推介，比如58同城和PVGO等不错的兼职。一方面推广自己的业务，把自己的产品推销给学生，一方面可以帮客户提供兼职机会，帮助他们去挣钱，有助于扩大推广范围，挖掘潜在客户群。

——业务推广：趣分期的签单员最好不要是全职，本校学生兼职推广最好，还可以通过举办活动的方式进行推广。趣分期作为一个靠校园推广起家的企业，对于全职签单员对企业的责任和价值有着自己的理解和考虑。签单员作为全职员工，这是防止内部贪污的最简单方法，解决了三防监控问题。这一点张蒙的考虑虽然不够成熟，但是她对企业发展的关注，以及她的潜力和素质已经表现出来了，作为一名应届毕业生，没有过多的工作经验，表现出这些可贵的素质会很容易得到BOSS的认可。

在"天生我有才"环节，张蒙的才艺展示仍然是诗歌朗诵，这是一首她写给妈妈的诗：

我是妈妈的女儿。

曾经以为我是一棵小树，妈妈就是大地，

我的根深深地扎在妈妈的心底，却拼命地向上生长。

曾经以为我是一只风筝，妈妈就是放飞风筝的人，

我挣脱那根线，妈妈仍笃定拉着它让我稳稳高飞。

后来，我看到大地遮上了茵茵之绿，原来妈妈也喜欢我树冠的

颜色。

后来，我看到放风筝的手在颤抖，原来妈妈累了，只是不想让我坠落。

我做了一个梦，梦见还是支流的我和妈妈一起欢歌起舞，

醒来后我分不清是我的水还是我的泪水。

妈妈，我不是河流了，我只是你的女儿。

张蒙说这首诗在家里朗诵的时候每次自己都会流泪，她是一个积极、乐观的女孩，是一个充满正能量的求职者。张蒙的妈妈说："我们的家庭和别的家庭是不一样的，十几年前我的第二任丈夫在我尽情地享受幸福的时候就去世了，然后我领着我三岁的儿子和八岁的女儿从黑龙江来到了河北沧州。这十几年来可以说，我女儿不论在家庭上还是我的事业上都是我坚强的后盾。她从四年级的时候就开始帮我办班，帮我带学生、招生，其实她很早就开始帮我维持这个家，她从没说过上超市为自己选一件合适的衣服。"

张蒙的妈妈是一个非常乐观的人，她现在每天晚上还在学习英语和日语，这种精神非常值得学习。对于张蒙的工作她说希望女儿健健康康、快快乐乐、平平安安就满足了，她告诉女儿："妈妈还很年轻，家里绝对不是你的负担，你只要在公司做好你自己的职位就可以了。"

刘佳勇："张蒙是一个充满正能量的女孩子，打动人的当然是这个故事本身，但她表现出的那种气场和对生活的那种乐观的态度，这是我最欣赏的，我认为这类人不会输。

"你现在所有的推广都是你线下推广的积累，包括你做大使的工作经验，我看你的求职方向是做管培生或策划。"

张蒙："我认为自己在大学期间还是有一些潜质的，比如策划、

运营、市场、培训主持等方面，但是现在刚毕业我不知道自己到底真的能在哪方面钻下去，我就想先从管培生开始做起，确定自己的发展方向。"

涂磊："其实诸位在这样一个没有太多经历的女生面前我们更看重她的素质，她的素质已经表现出来了。"

求职结果

在第二轮选择后依然是12盏灯全亮。

速8酒店：管培生，工作地点在北京，薪资5000元/月；

美尔目眼科：管培生，输出方向是加盟经理或运营经理，薪资是8000元，有住宿，附加条件，可以给她母亲找一份工作；

福能集团：PVGO项目管培生，工作地点在北京，薪资6000元+；

TATAUFO：活动策划，工作地点在北京，薪资6000元+；

得尚文化：活动执行，市场拓展，工作地点在北京，薪资6000元+；

韩束化妆品：新媒体文案策划，工作地点在北京，薪资6000元+；

58同城：营销管培生，工作地点在北京，薪资4000元+；

咖啡之翼：熊样儿和栀子花开两个事业部的管培生，薪资6000元+；

极米科技：线下产品体验事业部负责人，薪资8000元+；

优胜教育：加盟连锁事业部管培生，薪资7000元+；

易淘食网：校园渠道拓展或者营销策划，工作地点在北京，薪资10000元+；

盈科律师事务所：律金所管理培训生，运营方向，工作地点在北京，薪资5000元＋。

张蒙选择留下美尔目眼科和易淘食网这两家企业PK，经过考虑后最终选择了美尔目眼科。"首先，我觉得美尔目眼科是一家非常有人文关怀的企业，因为它治疗白内障技术非常好；其次，老板从家庭角度考虑对我帮助更大，而且提供的岗位对我以后的发展会更好一些。"

经验之谈：乐观的人永远不会输

张蒙最后的求职结果是爆灯，她获得了全场12位老板的留灯。综合张蒙求职成功的整个过程来看，在众多的求职者中，她的能力不是最突出的，经验也不是最多的，外表也不是最好的。但她却成为为数不多的爆灯选手中的一位，究其原因我们不得不对她的乐观精神加以称赞。

在台上，张蒙表现出来的是一个全身散发着积极、乐观的正能量的求职者。在节目一开始，她以一首原创诗歌出场，在赢得全场掌声的同时，我们发现她在说话时跟别人有所不同。经过主持人涂磊证实，我们了解到张蒙由于出生时难产以至于影响到了说话时气息的流畅。但是这一个小小的瑕疵并没有影响大家对她的诗歌朗诵的评价，因为她表现出来的自信让人非常钦佩。对于自己这个从小就有的生理缺陷，张蒙并没有感到自卑，无论在学习上还是在生活中她都表现得非常积极。

张蒙是一个单亲家庭的孩子，从几岁开始就帮着妈妈办辅导班，承担起了家庭的责任，在妈妈的眼中，她是一个懂事、听话的好孩子，在学习和生活上都不让妈妈操心。从她上大学的兼职经历也可以看出她是一个非常自立的女孩，在张蒙的妈妈讲述了她们一家人非常特殊的生活经历后，我们更加能够感受到张蒙身上所体现出的乐观精神。从她的谈吐、气质和精神风貌中我们完全看不出她所背负的家庭压力，这种精神是非常难能可贵的。

一个乐观的人，不仅在生活中能够积极地面对挫折，在职场中也是一种非常优秀的品质。正如刘佳勇所评价的那样，张蒙和她的妈妈表现出的那种乐观是非常能打动人的，她们对生活的积极态度，决定了她们永远不会被困难打垮。

张蒙的面试过程充满了感动，我们能够体会到她们一家人生活的艰辛，但丝毫看不到她们的悲观和失望，她们给人留下的印象是一种积极和乐观的生活态度。

"你若盛开蝴蝶自来"，只有自己充满阳光、保持乐观和自信，别人才会对你拥有信心。张蒙的乐观精神得到了12位BOSS的认可，美尔目眼科董事长叶子隆表示愿意为张蒙的妈妈提供一份工作，因为他认为："刚才你的那个经历和你讲那番话，我真的觉得你有能力，到我们公司也是好样的。"

编者语：乐观也是一种优势

乐观的求职者比悲观的求职者成功的机会大。乐观的心态是一种积极向上的力量，在带给自己信心的同时也能感染到周围的人。在面试中，求职者积极、乐观的精神面貌会引导面试官对其进行正面、积极的评价。

乐观的人在面试中会表现得更理智，对问题的判断更准确，解决问题的信心更强，因此说话也会更有底气。准确的判断和逻辑清晰的表达，必然会给面试官留下非常好的印象，求职者对自己能力的认可也会增强面试官对自己的认可。也就是说，求职者在面试中如果拥有乐观、积极的心态，在面对考验时，会展现出更加具有实力的自我。

　　企业招聘员工都是希望他们进入企业后能够为企业解决问题、创造价值，乐观的心态有助于求职者在面试中更加完美地表现自己，所以这样的求职者获得成功的概率自然就更大一些。

人生不是得到就是学到

面试是大学毕业生走出校门正式步入社会之前非常关键的一道门槛儿，它不同于我们以往任何教育阶段的考试。在面试中除了要考验我们的知识水平以外，还能体现出一个求职者的性格、品质、表达能力、人际交往能力、应变能力等综合素质。

每一位求职者都想在面试中表现得光芒四射，都想成为面试官眼中的人物，然后找到一份既体面又适合自己的工作，给自己的大学生涯画上完美的句号。但是，现实与理想毕竟是有差距的，尽管求职者在面试前都会做好各种准备，想好各种应对策略，但在实际的面试中还是会遇到很多意想不到的状况。

很多时候都会事与愿违，求职者越是想表现得完美，可能越会遭到打击，所以求职者不仅要对自己有充分的信心，还要做好失败的准备，"一颗红心，两手准备"。成功了自然是值得庆幸的，失败了也要正确对待。

失败是成功之母，这个道理我们从一年级开始就学到了，但是真正能做到以一颗平常心面对失败的人太少了。遇到挫折和打击，人们往往表现出焦虑、悲观、萎靡，有的人还会愤怒，也就是所谓的恼羞成怒，因为感到羞愧所以愤怒。

　　这种情绪如果出现在面试中，很容易对面试官产生敌对和攻击的倾向，如果面试官对自己的表现不满，对自己的某一方面提出疑问时，求职者很容易表现得情绪激动，甚至无法控制自己而反驳面试官。这样一来反而会给自己的形象造成进一步的损害，让面试官对自己的评价更低，对自己的印象更坏。

　　人生不是得到就是学到，如果面试过程不像自己预期的那样顺利，求职者正好可以趁此机会锻炼自己的应变能力和抗压能力。这种经历对于自己将来走向职场，面对更为复杂的局面将会提供一定的参考。

　　人生不是得到成功，就是学会如何避免失败，如果得不到理想的工作，一定会得到人生中宝贵的一课，从而能够让自己更加靠近成功。成长需要挫折，所以面试中遇到挫折对求职者来说并不是一件坏事。

非你莫属：求职故事再现

求职者姓名：闫源芊子

节目时间：2014年5月26日

最高学历：本科

就读院校：中瑞酒店管理学院，英语专业

求职意向：营销方面的实习生

　　闫源芊子是一个长相很清纯的女生，她是中瑞酒店管理学院英语专业的应届毕业生，来到《非你莫属》想找一份营销方面实习生的岗位，想学一些营销方面的知识。

　　关于在大学期间的工作经历，小闫讲了一段大二时期在一家五星级饭店实习的经历。在实习期间她遇到过非常有意思的事，见识到了质量管理、企业文化、团队合作，感觉收获还是挺大的。

黄健翔："编导说你会看手相，你帮我看看什么时候能当上上市公司的老总不用再打工了，什么时候能当上中国足球队总教练？"小闫："人各有命，但是现在已经很好。"在给黄健翔看手相时小闫无意中拍了一下黄健翔的肩膀，没想到这一动作在后来引起了BOSS们对她性格的争议。

刘亚桐："闫同学，我给你讲一下，看手相的时候切忌拍人家的肩膀，尤其拍男士的肩膀。"黄健翔："这个小姑娘的基本面就是这个样子，不过我现在觉得她有点深，一开始觉得她挺简单的。"而涂磊说其实她很简单。

小闫今天的穿着打扮很生活化，没有穿职业装，这与一般的求职者所追求的职业范儿有所不同，所以杜子建让她对自己形象的塑造进行解释："你在塑造自己整体形象的时候，你期待的表达是什么？从头发到衣服到鞋子，你完整地说一遍，我就知道你这一块的功夫如何了。"

小闫："一开始我选了很多身衣服，有特别正式的，但我觉得不符合我的年龄，所以就很随意地选择了一身感觉上比较接地气的打扮；选择白色是因为我不想让人觉得我很有侵略性，而且我本身也不是那样的人；选择穿牛仔裤是因为感觉穿西裤太正式了，给人很压抑的感觉，如果穿了可能就不能像这样交谈了。"

杜子建又给小闫出了一个命题，让她通过营销的概念来批判一下涂磊老师当天的着装。小闫的回答是："穿这种花衣服感觉个性比较强，很怪才，别人不知道你在想什么，也不知道你下一句会说出什么来。"

对她的回答杜子建认为虽然不是很准确，但还是比较接近，然后他又继续让小闫谈一谈对营销的理解。小闫说："我认为的营销就是，运用各种合适的手段向我们的客户介绍我们的产品和理念，我们卖产品重要，营销出来我们企业产品的理念可能更重要。"她的回答比较浅显、简单。杜子建："她毕竟是这么一个刚刚从学校出来的二十来岁的小孩子，能说出来已经很不容易了，意思是对的，营销本来是非常复杂的东西。"

周思敏："我在不断地观察，我觉得你好像什么都特别好，也挺讨人喜欢的，可是我总觉得你有一种，讲难听点，有一种好像戴着面具跟我们交流的感觉。"

小闫："思敏老师，我确实不是一个很有自信的人，因为我站在这儿面对这么多人确实有点紧张，而我这些动作也是出于我心里下意识的一个反应，因为我确实害怕，我确实有一点紧张。"

郝颖："你给人感觉很油，对你身边的包括黄老师也好，涂老师也好，你对所有身边的男人没有那种23岁的小女生的羞涩，主要是我们都不敢拍。你是用这个来保护自己吗？"

杜子建："就是在我跟她讨论她衣服的对话过程中，我观察到最重要的一个细节，这是这么多期以来我从没有看到的一个好东西。很多孩子上来都要刻意表现自己的不凡，而她是在追求自己，把普通围绕在自己身边的一个生活性的表达，而不是一个舞台性的表达和职业性的表达。"

周思敏："我从头到尾希望看到她真实的一面。因为今天的面试我们最想知道她真实的感觉，然后给她一个适当的职务。"刘亚桐："我觉得你说得特别对，周老师看到的东西也是我看到的，这个女孩子把自己放得很低，其实步步以退为进。"

尹峰："我觉得可能每个人对她的判断都有自己的角度，确实我们也都在观察她，她像个谜一样。其实她上来的时候我不认为她很低调，我觉得她还挺张扬的，小女汉子的状态，就是走着走着发现她内心其实是很敏感的小女生。"

周思敏："第一，当初我们在讨论你曾经看到的那个八卦的时候我就在想，你一个在酒店里实习的小文员，怎么对八卦的过程这么了解；第二，刚刚看手相时，我没有听出来你看手相看出来什么；第三，在整个过程中通过你的表达我觉得你没有凸显出你的性格。我觉得这很遗憾，其实你是一个有性格的小女生，那你为什么不把你的真性情表露出来，而用一些云里雾里的东西呢？其实我是为你着急，但是说实话我深深地感受到你不断地在讨好别人，就失去了自己。不需要这样做。"

小闫："老师，我觉得适当地表现性格在合适的场合是对的，我也看过你的节目，你说过这是一个公众传媒，太个性张扬或者飞扬跋扈我觉得是不礼貌的行为，而思敏文化是教人礼貌的。"

陈昊："你回击思敏老师这段话你想表述什么呢，刚才我突然看到你出现一点戾气。"

杜子建："你不要回答了，因为你刚才这个攻击性是减分的。我觉得为你刚才这句话你应该给思敏老师小小地道个歉。"

刘亚桐："你非常应该对不起，她顶多就是建议你罢了，你觉得不需要吗？你完全可以有则更正，无则加勉，你这个姿态和出发点就是错的，实习生应该用什么样的立场和什么样的姿态说话，该说什么不该说什么，应该给自己有一点规范。"

小闫："我觉得挺为难的。思敏老师，首先，确实抱歉，我刚刚接受你意见的时候可能态度有点问题，真的对不起。其次，是大家一直在讨论我装不装，我低姿态说我装，我高姿态也说我装，我就很难知道这个不装的定义到底是什么，有没有人教教我，我在以后也会避免一下。"

陈昊："你固然有这样那样的问题，我认为刚才你跟思敏之间的对峙虽然是不对的，但我觉得情有可原。其实思敏的问话也是带有攻击性的，要我我也会不高兴，她是用完全质疑和反对的语气跟你讨论这个问题的，所以你那个方式我觉得完全可以理解。刚才那一下挺有效的，其实这才真正表露出了你潜在的性格。"

姚劲波："因为我在黑暗里面观察，我觉得小闫是一个特别真实的人，刚才一上来几分钟我就跟沈东军说她特别适合做朋友，我觉得她表现很自然，而且很容易拉近和别人的距离。她拍不拍健翔完全取决于她当时的判断，我拍这一下健翔会不会觉得我突兀，那判断肯定是可以拍的，所以我觉得没有问题，而且她刚才拍他的时候是在看相，是开玩笑的时候。"

陈昊："我觉得男老板心里都会护着她，但是说实话我面试这么多人了没人拍过我，我觉得我会给她留灯，但是这件事儿咱不能忽悠别人。"

求职结果

企业：华艺传媒；薪资：120元/天。

还有以下企业留灯：

乐货网：集团的市场营销部实习生；

LEHO网（王晓枫）：品牌市场部；

优胜教育：集团加盟事业部管理培训生；

咖啡之翼：市场专员，北京的市场专员实习生；

科沃斯机器人：给你提供的是市场营销部的专员；

华艺传媒：最普通的营销编辑，也能给你留一个实习岗位，免费到华艺学一些营销基础知识。

> **王晓枫**
> LEHO网的联合创始人

> **庄建华**
> 科沃斯机器人有限公司创始人、总经理

　　小闫选择了乐货网和华艺传媒这两家企业进入"谈钱不伤感情"，华艺的实习生岗位待遇是120元/天，乐货网的待遇是4000元/月。最后她选择了去华艺，她想去学市场营销方面的知识。

经验之谈：面试中的挫折只是一个小插曲

　　闫源芊子是一个23岁的应届毕业生，外表非常清纯可爱。在节目的前半场小闫的面试还算顺利，在跟黄健翔老师和杜子建老师交流中，她的分析和表达基本上能够抓住问题的关键点。虽然理解得不够深入，但也表达出了自己的一些看法。

　　杜子建老师对她的评价比较保守，态度比较宽容，现场其他BOSS认为杜老师对这个选手很照顾，要是个男孩答这个题估计就没什么好评了，就劈头盖脸说一通。杜子建说："她占了个优势，她长得像小精灵一样，特别可爱，所以不会太下重手。"可见杜老师对小闫的表现基本是比较满意的，而且她的形象在杜老师看来也是加分的。

　　在给黄健翔老师看手相时，小闫开玩笑地拍了一下黄健翔的肩膀，这个很不经意的动作引起了现场BOSS对她性格的争议。周思敏说她对小闫的印象是觉得她在戴着面具跟大家说话，她的肢体动作让大家感觉她表现得非常不自然、不真实。"我觉得你好像特别希望讨好我们，也许这是我的一个不正确的感觉，尤其你跟杜子建老师交流时，让我们觉得没有说真心话。"

　　从这个评价开始，小闫的面试开始变得被动起来，她向各位BOSS解释说自己是因为紧张所以下意识地有一些肢体动作。郝颖也表示她对小闫的感觉是"很油"，认为她在台上故意表现出很成熟，没有一个23岁小女生应有的羞涩。但是现场的其他BOSS对此也有不同看法，他们认为小闫的表现是有点防御心理，有点不太自信。

周思敏坚持认为"她没有自信，装得自己好像很有自信"，她认为在整个过程中小闫的表现没有凸显出自己的性格："我觉得这很遗憾，其实你是一个有性格的小女生，你为什么不把你的真性情表露出来，而用一些云里雾里的东西呢？"周思敏为小闫感到着急，她觉得小闫面试中极力地想讨好BOSS，所以失去了自己，掩盖了自己真实的性格，对此她觉得非常遗憾。

周思敏："我就从头到尾希望看到她真实的一面。因为今天我们面试最想知道她真实的感觉，然后给她一个适当的职务。"刘亚桐对周思敏的观点表示认同，他认为小闫把自己的姿态放得很低，其实是以退为进。

对于这个评价小闫表现得不淡定了，她在反驳周思敏老师的质疑时，表情中露出了一丝戾气。可能她真的被误解了，虽然周思敏的问话也是带有攻击性的，但是在面试中跟BOSS对峙是非常不理智的。小闫的反应也许真正表露出她潜在的性格，但是这个反驳给她的面试减分了，因为作为一个求职者她没有虚心接受BOSS的批评和建议，这一点对她的面试非常不利。

至于小闫的表现到底是自然、纯朴还是伪装，现场的BOSS分成截然不同的两派，杜子建认为小闫的表现很真实，他说小闫和其他求职者不一样，很多人在舞台上都想刻意表现出自己的与众不同，但是小闫只是想把自己表现为一个普通人，她的表现是一种生活性的表达，而不是一种表演状态。

姚劲波："因为我在黑暗里面观察，我觉得小闫是一个特别真实的人。刚才一上来几分钟我就跟沈东军说她特别适合做朋友，我觉得她表现很自然，而且很容易拉近和别人的距离。她拍不拍健翔完全取决于她当时的判断，我拍这一下健翔会不会觉得我突兀，那判断肯定是可以拍的，所以我觉得没有问题，而且她刚才拍他的时候是在看相，开玩笑的时候。"

小闫最后得到的薪酬比较低，陈昊："丫头我想先给你道个歉，刚才我们争吵浪费你面试时间了，但是现在这个薪酬我真没想到那么低，我不是要哄抬什么，你觉得这样的面试结果跟那拍一下有关系还是跟我们争论有关系？"

小闫："我觉得可能是我带来的争议性吧，其次我既然是实习生我不懂得很多，所以我当时来节目前就在想，薪水就是我交的学费。"最后的结果是小闫没有得到自己理想的工作和理想的薪资，她选择去杜子建老师的公司实习。

尽管在面试过程中小闫受到了质疑，而且她对这种质疑还予以反驳，但是在最后她表现出的这种心态是非常好的，她没有抱怨别人，而是反省自己。面试中的挫折只是一个小插曲，她得到了启发，也得到了实习机会，这也是一个完美的结果。人生不是得到，就是学到。

编者语：树立成功的信心、做好失败的准备

面试可以说是我们正式步入职场前的一次历练，面试官站在企业和招聘方的角度对求职者的各方面素质进行综合考验和评价。无论成功不成功求职者都会得到一些对自己有价值的信息，对自己的真实水平有一个更加客观、更加全面的了解。

对于面试官的评价一定要虚心接受，吸取经验和教训。有些面试官看到一个求职者不好的习惯时也许不露声色，但是最后等到的结果是PASS。虽然当时没有感受到挫折和压力，但是结果是既没得到，也没

学到。

也有一些面试官在看到求职者的一些缺点时，会直接或委婉地表达出来，从而给他一些参考建议。这种建议如果更直白一些就会表现为对选手的质疑，可能会让求职者感到窘迫或尴尬，但是作为求职者面对这样的挫折一定要摆正心态，虚心地接受面试官的意见。

求职者在面试中不仅要有信心，努力表现出自己最优秀的一面，而且在面对挫折时也要坦然接受，做好失败的准备，只有输得起才能成为真正的赢家。

过度紧张是一种不必要的麻烦

在面试过程中，大部分求职者都会或多或少地感到紧张，这是很正常的表现。紧张是选手心里对面试的结果比较重视，因为面试中发挥得好坏直接关系到自己的前途与命运。不只是没有工作经验的应届毕业生，就连有过几年工作经验的人坐在面试官面前都会紧张。

适当的紧张有利于求职者的注意力更集中，思维更敏捷，反应更迅速，从而有助于在面试中更好地发挥自己应有的水平。如果求职者在面试中一点也不紧张，就会很难进入面试状态，注意力不集中，精神涣散，这样不利于发挥。

但是没必要过度紧张，因为过度紧张往往会导致求职者在面试中惊慌失措、焦虑不安、信心不足，从而影响自己的思维和判断。很多选手在面试中紧张过度会出现大汗淋漓、逻辑混乱、大脑一片空白的现象，甚至还有可能会晕倒。

如果求职者一上来就紧张得语无伦次，势必会影响其在面试中的发挥，要想取得一个好的面试成绩恐怕会很难。只有让自己表现得从容、淡定，才能对面试官的提问应付自如，才能在回答问题时做到全神贯注、思维活跃。另外，只有在理智的状态下才能通过眼神与表情的交流及时抓住面试官的反馈信息，达到自圆其说的目的。在面试中保持平静、平稳的心态，即便是内容上有所欠缺，也能够以灵活的应变能力巧妙地掩盖不足，这样的求职者通常会占有更多的优势。

说起来容易，做起来难，很多时候紧张是不由自主的，不是我们想不紧张就会不紧张。如果一开始就紧张的话，往往会越来越紧张，因为一紧张就会容易出错，一出错就会更加紧张。这样的恶性循环对求职者的发挥会造成极大的干扰。

为了克服紧张，在临近上场时要给自己正面的心理暗示，深呼吸，告诉自己不要紧张，相信自己一定可以正常发挥。在入场时要表现出良好的精神风貌，面带笑容，落落大方、彬彬有礼，在气势上做到克服紧张，给面试官留下美好的第一印象。一旦在面试中感到过度紧张应学会积极地化解自己的紧张情绪，尽可能地使自己放松。求职者要正确看待自己的紧张，告诉自己紧张不是劣势，其他求职者也会紧张，这样想就能使自己得到安慰、找到平衡。

另外，开口说第一句话要掌握好语速和语调，把握好情感的抒发，给自己的面试奠定一个适当的基调，让自己在一种熟悉的氛围中发挥。因为良好的开端将有助于面试的顺利进行，很多求职者一进入面试场就会紧张，结果越紧张越吐字不清、逻辑混乱，到最后大脑一片空白，连自己想表达什么都不知道。

总之，紧张是一种既不必要又麻烦的情绪，紧张很正常，关键是要尽快调整心态，在适度的紧张中更好地发挥自己的优势，把自己最闪亮的一面表现出来，才能得到面试官的认可，最终获得求职成功。

非你莫属：求职故事再现

求职者姓名：郭玉霏

节目时间：2015年12月27日

最高学历：本科

就读院校：青岛大学师范学院，哲学和工商管理专业

求职意向：策划、市场、运营相关的管培生或助理

郭玉霏毕业于青岛大学师范学院哲学和工商管理专业，在2014年毕业之后，郭玉霏赴美参加了一年互惠生项目。来到《非你莫属》想寻求一份（管培生）策划、市场、运营相关的管培生或助理的工作。

在玉霏的自我介绍中，她对自己的评价是："虽然我不是特别优秀，但是也没有太大（优）缺点，但是我这个人比较有特点，而且非常有责任感，所以值得培养。第一次找这种正式的工作，（我不认为）我不能保证到了企业以后马上会带来多大价值，但是我认为我还年轻我的未来还会有很多可能，（我不会放弃）我不会放过任何让自己更优秀的机会，所以怀着学习的心态来求职。"

对于自己为什么选择学哲学，玉霏的回答是："我感觉这是个命运的安排。"涂磊让她用哲学的语言概括自己刚才自我介绍时词不达意的表现，玉霏选择用"具体情况具体分析"来解释，她认为自己之所以会紧张，是因为"我是第一次上电视，比较紧张，所以表现得有点语无伦次、说话不连贯，所以希望大家（比较）理解"。

谈到那段互惠生的经历，玉霏说："我们寄宿在一个美国家庭里面，他们会支付我在美国期间的学费和生活费，保障我的饮食、安全。作为回应，我可以帮忙照看他们的孩子。我认为这是一个实习的工作，在美国这一年我认为我收获了很多。"

玉霏在简历中提到自己通过这次互惠生的经历有一些教育方面的心

得，涂磊让她把自己的心得说一下，玉霏说自己在美国最大的收获就是美式教育的理念："第一，女孩子应该被宠着，不能溺爱，对她好，这样不至于别人给她一块糖她就跟别人走了。第二，小孩子的潜力是很大的，只要我们善于引导，他也可以建立一个逻辑性思维……"

李宇欣："能不能提炼一下观点，言简意赅一些。"

涂磊："你不用紧张，浓缩规划一下。"

张凌华："其实不用往教育方面考虑，这样反而生硬了，因为教育来源于生活。我对美国东海岸和西部比较熟悉，你在纽约做互惠生的时候其实并不是学业上的交换，我想你更大的收获是在文化和习惯上的体会，我最想听一下你这方面最大的收获。"

玉霏："我认为还是人际关系方面，我跟家爸家妈的相处严格意义上来讲我们是老板与员工的关系，我又住在老板家里。"

涂磊："再浓缩一下，不要说相处的情况。"

玉霏："人与人之间只要沟通得合理，哪怕表达更直接一些，但是要把自己的想法说明白了，双方是可以相互理解的。但是美国人的表达方式跟中国人还是有差别的，中国人表达方式比较含蓄……"

涂磊："我觉得你像只受惊的兔子，很容易受周围环境的影响，随时有可能被打断。"

在"天生我有才"环节玉霏展示了自己的PPT，其中有对自己优势的分析，把自己的能力总结为一个公式：

认知（知识）×思维（哲学）+执行（性格）=综合能力

李宇欣："你的公式里面为什么是认知乘以思维加上执行力？"

玉霏："因为我觉得哲学其实是一个比较软的学科，如果直接去找工作的话其实是不太好找的。我认为哲学是思维的体操，它锻炼我们一些思维能力，在认知基础上是一个提升的过程。"

刘佳勇："给你一次机会，再阐述一下你的公式。"

玉霏："我主要是想突出思维的重要性，执行很多人都会做，但是最重要的是为什么会这么做，也就是这个思考的过程。"BOSS们认为其实这一句话就够了，她最后的这个解释是加分的。

另外，玉霏还对自己的目标企业优胜教育做了一个分析：

国际化：优胜教育可以把目标定位得更高一些，分析到国际化的发展策略；

全方位：不只是中小学生，包括18岁以后的一些学生也可以涉猎一些；

个性化：这个事保留一下因为这是优胜教育比较大的特点；

教育教研品牌：不应只做学校的附属品，可以与科研方面合作。

陈昊："谢谢你的建议，你觉得我能听懂吗？你今天PPT的解读一定要很多翻译来帮你吗？"

涂磊："她已经恍惚了，她已经蒙了，这是你长期以来说话的状态吗？你很想表达清楚但总也表达不清。"

刘佳勇："涂磊你注意到没有你的每一个动作直接影响她的表情？你叹个气她都会把要说的话收回去，所以她极度没有安全感，而且反复处于自我否定状态。一个没有安全感的人相应地有另外一套本领就是察言观色，别人的一举一动都会影响她的思维，如果把这个用在职场中也是一种强项。"

莫华璋："从头到尾你在台上的表现就很简单，你一直在拿一些大的概念来作铺垫，真正深入解释的时候你反而没有办法可以驾驭到前设的大概念。倒不如落地，抱着学习的心态，不要期望太多工资。"

求职结果

企业：麦子学院；薪资：4000元+/月。

盈科产业集团：盈科旅游活动执行；

通灵珠宝：客服；

麦子学院：学习体验专员，学习过程中感到哪里不爽，写一些报告帮助我们改进流程，可以往运营岗转；

咖啡之翼：运营助理，未来可以发展到项目部；

优胜教育：运营专员；

西默科技：管培生，公众账号运营管理。

玉霏留下麦子学院和西默科技这两家企业，麦子学院的薪资是4000元+/月，工作地点在北京；西默科技的薪资也是4000元+/月，工作地点在上海或郑州，工作两年以上有机会分福利房。最后她选择了麦子学院，想在这里初步了解职场，找到自己的方向。

经验之谈：别让紧张抢走你的台词

郭玉霏是一个很典型的求职者，在面试中她表现得过于紧张，以至于影响了自己正常发挥，在台下准备好了台词，但是在台上根本没办法用上。

在节目一开始，一上场玉霏的自我介绍就连续三次因为紧张而说错了话，但她还是坚持稳定地说完了。虽然涂磊鼓励她认为她还是很不错的，但是这种紧张的情绪毕竟给玉霏带来了困扰，玉霏对自己的表现很不满意。

玉霏曾经去美国留学做过互惠生，涂磊说之前也来过有互惠生经历的求职者，但是除了做家务之外他的学习成绩和英语并没有更大提高。

　　玉霏认为这也不能一概而论，每个人的情况是不一样的，可见她对自己在美国期间的收获还是有一些自信的。然而，在跟莫华璋进行英语交流后，莫老师认为她对英语口语交流比较生疏，她磕磕绊绊的英语表达可能是因为紧张。

　　在涂磊问到她在做互惠生期间的心得时，玉霏一开始讲的都是教育的内容而不是她的经验总结，在主持人提醒后才纠正过来。但是她的表达太过烦琐，没有提炼出观点来，李宇欣打断讲话，提示她应该言简意赅一些。

　　涂磊说让她不要紧张，应该把自己要说的话再浓缩一下，整理一下思路再回答。由于玉霏在纽约做互惠生的时候更大的收获是在文化和习惯上的体会，所以张凌华问她在这方面最大的收获是什么。玉霏的回答是："我认为还是人际关系方面，我跟家爸家妈的相处严格意义上来讲我们是老板与员工的关系，我又住在老板家里……"她又犯了说话啰唆的毛病，仍然是在讲事实，而不是观点。

　　于是涂磊再次提醒她"浓缩一下，不要说相处的情况"，在接下来的回答中玉霏很明显词不达意，很不流畅。涂磊说玉霏就像一只受惊的兔子，非常不淡定，很容易受到周围环境的影响。在她回答BOSS的问题时很容易被主持人或BOSS的一举一动打断思路，涂磊分析她的这种表现是由于缺乏安全感，缺乏自信，其实归根结底还是由于紧张。

　　玉霏在PPT中给自己的能力总结了一个公式，李宇欣问她，在这个公式里为什么前面是乘号后面是加号，但玉霏的回答没有抓住重点。

　　刘佳勇建议再给她一次机会，再阐述一下她的公式，第二次解释玉霏抓住了机会，她认为自己的公式突出强调的是思考过程的重要性。这个解释是加分的，这一句话说到点上就够了，说太多铺垫反而没用。

　　讲到对优胜教育的分析时，玉霏讲得很详细，但是她没有注意到听众的接受程度，陈昊："谢谢你的建议，你觉得我能听懂吗？你今天PPT的解读一定要很多翻译来帮你吗？"这时玉霏已经蒙了，她很想表达清楚但总也表达不清，处于一种混乱状态。

整体来看，玉霏的表现可以概括为"意犹未尽"，完全没有达到一种理想的效果。在后来的采访中玉霏说，她之前其实做了很多准备，对自己整个状态本来是有一点自信的，但是在一开始自我介绍中紧张地说错了话，台词都没用上。到后来当自己被问到那几个话题时就更紧张了、更加语无伦次，大脑一片空白，基本上没有逻辑了。

编者语：用平常心摆脱紧张

面试对求职者而言是决定自己前途的大事，在心里引起足够重视是非常必要的，然而重视的同时也难免会有一些紧张。为了避免过度紧张影响发挥，求职者应该保持一颗平常心，平和地面对挑战，做到在行动上重视，在心理上藐视。

胜败乃兵家常事，面试中往往会出现很多突发事件，让我们措手不及，因而失败也在所难免。所以求职者一定要调整好心态，不要畏惧面试。可以把面试官当成自己的老师、同学，把面试当作一次彩排，放下心理包袱，不要给自己太大压力。

无论面试成功与否，只要表现出自己的优势，发挥出自己的正常水平，对自己而言已经是取得了成功。总之，求职者要保持一颗平常心，面试失败有很多原因，不一定是自己的能力问题，即使失败了还有机会可以重来。

想创业也要具备空杯心态

　　求职者要具有空杯心态就是说在找工作时要谦虚，不能骄傲自满，抱着学习的态度去应聘。对于将来打算创业的求职者来说，拥有空杯心态就更加重要了，因为自己选择求职到企业去学习知识和经验，本身对于自己就是一个拿着工资学习的机会。

　　关于"空杯心态"的起源有一个非常有意思的故事：

　　古时候一个自认为佛学造诣很深的人，一天，他去寺庙里拜访一位德高望重的老禅师。见到老禅师以后他表现得极为傲慢、目空一切，而老禅师对待他却十分恭敬。老禅师亲自为他沏茶，在倒水时明明杯子已经满了，还不停地往里倒。于是这个人满怀不解地问："大师，为什么杯子已经满了，还要往里倒？"老禅师说："是啊，既然已满了，干吗还倒呢？"老禅师的意思是，既然你已经很有学问了，干吗还要到我这里求教？

　　要做到"空杯心态"，首先要正确地理解它的实质内涵，"空杯心态"并不是要求完全地放空和否定，而是一种永不满足的谦虚心态。拥有空杯心态体现的是求职者的培养价值，只有不满足，才能继续提高，只有不断更新才会保持活力和竞争力。

对于"空杯心态"，有些人并不认同，认为一个人不可能真正做到放空自己，也不能把过去的经验全都否定。其实这种理解是非常偏激的，如果说经验的积累都要全部否定的话，那么企业又何必去招聘有工作经验的人呢？

一个优秀的人才自然是带着过去的积累、智慧和经验进入到企业的，这些已有的东西是他们之所以会有价值的原因，也是面试官看中他们的理由。但是过去的毕竟是旧的，有些理论和经验已经不再适合新的环境，所以我们在借鉴经验的基础上还要及时更新知识结构，淘汰过时的吸收先进的。

求职者只有在面试中表现出自己的谦虚和进取精神，才能让面试官对你的稳定性和培养价值有信心。因为任何一个企业都不愿意花费成本为他人作嫁衣，他们培养员工是为了给企业储备人才、创造价值。即便是将来要创业也应该踏踏实实在企业工作几年，等到自己的羽翼真正丰满起来的时候再计划创业，这样才能提高成功的概率。

非你莫属：求职故事再现

求职者姓名：郭真如

节目时间：2014年12月22日

最高学历：本科

就读院校：暨南大学，播音主持与商务英语专业

求职意向：管理培训生

21岁的郭真如是一个"90后"应届毕业生，就读于暨南大学播音主持与商务英语专业，本科双学位，来到《非你莫属》希望寻求一份管理培训生的工作。

慕岩老师作为真如的推荐人，对她的评价非常高，他说："这是

《非你莫属》我做推荐人以来，第一次跟选手谈完以后，还要吃饭再谈两个小时。"在慕岩老师推荐完真如之后，徐睿对此提出了疑问，他认为慕岩老师"利用职务之便接近异性"。

陈昊："真如，你怎么看待慕岩这种行为？"慕岩老师让真如告诉大家那天吃饭来的客人都是什么身份。真如："来的都是慕岩老师推荐我的这个行业里非常优秀的女性前辈，因为我的目标行业跟互联网相关，她们都是这个行业里非常顶尖的人物，能给我将来的发展增加动力。"慕岩又补充了一点："我吃完饭后给她们发微信，问她们对你的评价，这是我的一种面试方法。"

涂磊说真如是学新闻的，而且主持和现场报道都做过，所以他让真如用现场报道的方式把这个事情透露出来，并且要阐述自己的观点。

真如："各位亲爱的观众大家好，我现在所在的现场就是《非你莫属》12月份节目的录制现场。今天这个节目中出现了这样一种情况，我们知名的推荐人慕岩老师在选定推荐人之后与她进行了一次两小时的会面，这个会面被现场的诸位老板认为是不合时宜的，理由有二：一是认为推荐人不应与选手有过多接触，这会影响这个节目的公正性；二是认为男老板与女选手之间不应该有过多亲密的接触。而事实是怎么样呢？我们经过调查发现这一段会面只是一个简单的与未来工作相关的了解和沟通，也是慕岩老师作为一个老板对未来可能培养的青年人才做了一次深入的调研和了解。相信未来的沟通中慕岩老师会对这个选手有更多的建议、支持和指导，也希望这位选手能够在今天求职成功，谢谢。"

在真如做完现场报道后主持人直接开始了第一轮选择，结果是12盏灯全亮。在"天生我有才"环节BOSS针对真如的实习经历和创业经历进行提问。

刘佳勇让真如把她在南都新闻实习时做暗访的经历讲一下，真如说自己在南方都市报广州新闻部做民生记者，由于老师非常信任她，所以经常派她去独立采访。在实习期间她经历的最大的危机是对一个小区游泳池乱收费进行暗访。当自己露出马脚遭到安保人员盘问时，她非常机智地逃脱了。当时她的采访已经完成了，已经取证到他们确实有这样的行为。真如说："他们要抢我的手机，我就以一个解释的态度说你不要误会，我就是孩子家长，我住在那一栋，有什么事叫我老公来了再说，然后我就跑了。"

梅向荣问真如两次创业失败的经历，真如："我有两次创业经历，我先说后一段跟互联网相关的，当时是做一个跟幼儿园相关的项目，幼儿园家教平台，是与家长、老师跟幼儿园管理方三方沟通的软件。"这个项目最后没有成功的原因真如认为是人脉原因和推广的问题。

陈昊："真如你认为是推广的问题，也就是说你现在有了钱有了推广团队你觉得这事能成功吗？"陈昊认为一个软件只靠几个特殊功能想去替代微信产品的话是不太可能的，而且只需要设置一个微信公众号，增加一些你想要的功能，没必要去重新创造一个平台。

真如的这个项目是2013年实施的，陈晓辉："如果是前几年还可以理解，但去年微信已经非常风靡了，在判断上是有一些问题的。"

陈昊："你的简历已经充分表明你想去创业，我相信你可能到企业大概看一圈就会找项目去创业了。"在座的各位可能都会有这种担心，真如野心也有、能力也有，综合素质和学习能力也都很好，现场的一部分BOSS担心她的稳定性，因为随时都会有诱惑。

真如："我是一个需要不断去实现自己的人，如果我在这个工作岗位上还没有一个能够让大家认可我满意我的结果，我为什么要走？我一

陈晓辉
湛卢文化总经理

定会做出成绩来。"真如自己也认为她现在的能力和社会经验积累还不够，毕竟自己还很年轻，在一个可以学习的阶段她希望接受好的企业文化熏陶。

涂磊："因为郭真如曾经是个主持人，做过甄嬛控的扮演者，最后请她用甄嬛的语调来阐述一下自己5年的职业规划。"

真如："本宫刚刚从私塾里毕业，就要进入职场，真真是愁死人了，在座的12家企业都非常优秀，到底选哪个好呢？本宫自十四五岁的时候就确定了人生规划，特别想成立一家自己的公司为百姓造福，但是目前呢，本宫年纪尚小，又没有这样的经验，也没有得到众人的提携，自然十万分惭愧，不敢步入职场。如今若有这样的机会，能够得到这些公司的培养，定会把全部身心和精力都投入到这个公司去，无论这个过程中会有什么样的诱惑，都一定不会忘记所有人对我的培养，在此谢过大家了。"

求职结果

企业：韩束化妆品；薪资：10000元。

韩束化妆品：董事长助理，高级管理培训生；

咖啡之翼：高级管理培训生；

福能集团：大学生创业职场能力养成平台，创业辅导班第一批学员；

思凯乐户外体育：管理培训生；

美尔目眼科：管理培训生，输出方向是运营；

盈科律师事务所：盈科海外中心，总经理助理。

真如留下韩束化妆品和思凯乐户外体育两家企业，韩束的月薪是10000元，思凯乐的是6000元。

郭真如问郝颖："在我结束管理培训生这个过程后，我自主选择岗位的空间大吗？"

郝颖："完全给你自主空间，因为董事长助理直接去跟各部门沟通，甚至跟各部门的老大去沟通，所以在这个过程中你可以自己参考自己未来的工作环境。"

曾花："我觉得韩束这边发展潜力特别好，但是在思凯乐我觉得我可以带你。"

最终她选择去韩束，真如："工资多少对我来说关系不大，因为韩束是董事长助理，我觉得这个职位是很难得的。"

经验之谈："90后"逆袭还需要锤炼

真如的背景充分体现了"90后"逆袭"60后""70后""80后"，大学期间利用假期曾经在青岛电台、广东电视台做过记者、主持人，在中国最好的报业集团之一南方报业做过记者，在此期间参加过一些有一定危险性的报道；另外她还做过两次创业，可以说是一个特别厉害的大学毕业生。

在第一个环节通过涂磊与真如的沟通，我们可以看出她的表达能力和逻辑思维能力非常强，基本素质很好。第二个环节主要谈到了她在南方都市报实习期间的暗访经历，在处理突发事件时真如表现得非常机智，这也给她的面试形象增加了筹码。

BOSS团重点关心的是真如的创业经历，真如在大学期间有两段创业经历，她讲了一个跟互联网相关的创业经历，这是一个跟幼儿园相关的项目——幼儿园家教平台，是一款沟通家长、老师和幼儿园管理方的软件。真如认为自己当时创业失败是因为没有幼儿园教育方面的资源，也就是缺乏人脉资源，在推广上遇到了阻碍。

但是现场的BOSS认为，真如创业失败的原因是她对这个产品市场潜力的错误判断。陈昊说这是一个从娘胎里出来就会死的项目，根本不可能成功，即使现在有了团队和资本的支持也不可能会成功。因为一个产品的核心竞争力就是这个产品的功能，但是只靠几个特殊功能是不太可能替代微信的，能用微信解决的问题，就没必要去重新创造一个平台。

可见，真如对于创业的确还有很多需要提高的地方。真如的求职意向是管理培训生，在她的简历中也明确表明自己将来是想创业的，而且是互联网行业，所以她希望自己将来在企业中可以往市场方向发展。

在座的12位BOSS对真如的能力和素质都十分认可，大家也并不反对她去创业，但是有一些BOSS对她进入企业的稳定性有所怀疑，毕竟企业培养人才也是希望发掘出他们的价值为企业服务。其实现场的很多BOSS对此都有担心，真如既有目标又有能力，进入企业以后会面临许多诱惑，能不能真正在企业实现她的价值是大家所关心的。

但是真如对自己是非常有信心的，她说自己是一个需要不断去实现自己的人，如果在一个工作岗位上不能做到让企业认可、让自己满意的话，她不会轻易离开。同时真如也认为她现在的能力和经验还不够，她希望进入一个正规的企业学习管理知识、接受企业文化的熏陶。

于文浩："我觉得真如这些话是发自内心的。我觉得像她这么聪明的女孩，两次测试都逻辑清晰、思维敏捷，她一定是觉得自己现在真的还不够，所以她会给自己规划一个在职场里相对常态一点的过程。"

尹峰："真如真的非常优秀，我相信你很有责任心，很有追求，同时我觉得你身上有难得的正气，不像很多年轻漂亮的女孩子用美丽作为资本去行走世界，你很在乎自己实力的打造。"

对于真如的这种谦虚的心态和不断进取的精神，大家表示赞同，这种"空杯心态"会让她不断地充实自己，也会让企业看到她的培养价值。

最后真如用甄嬛的语调阐述了一下自己未来5年的职业规划，通过她的阐述我们可以清楚地看到她的目标，她想创业，但是在目前她会把经历放在学习上面，在企业培养自己的同时她也会把自己的能力和价值贡献给企业。

编者语："空杯"才有学习的余地

每一个企业都有自己的企业文化和管理制度，每一个工作岗位都有不同于其他岗位的特殊之处。所以求职者无论是应届毕业生还是有工作经验的人，在面试一家新的企业，进入一个崭新的岗位时，都应该抱着谦虚的姿态，本着学习和提高自己的目的工作。

面试官在考验一个候选人的时候对这种"空杯心态"非常看重，因为这关系到求职者在真正进入公司以后的稳定性和发展潜力。一个骄傲自满、自以为是的人来到公司将会很难接受企业的文化、规章制度和工作流程，从而影响他们发挥自己的能力，也就无法真正做到为企业做贡献。

"虚心使人进步，骄傲使人落后。"这句话对每一位求职者和职场人士都非常有教育意义，要想提高自己，实现更大的进步，一定要具有谦虚的心态。只有"空杯"才能有机会接受新的理论和知识，才能不断提高自己；反之，只能是等着自己杯子里的水变质，不懂得学习和进步的人肯定会被职场所淘汰。

警惕高薪这个糖衣炮弹

工资就是工作的报酬，找工作期望得到高薪是很正常的，每一位求职者都希望自己能够找到一份钱多事少的工作，但是一定要记住一句话，世界上没有免费的午餐。所以钱多事少的工作基本上都是不靠谱的，尤其是对应届毕业生来说，在没有任何经验的前提下，更不能抱着追求高薪的目的来找工作。现实告诉我们职场没有钱多事少的工作，只有狼多肉少的岗位。

大学生就业压力大是全社会普遍关注的问题，很多大学生面临着毕业等于失业的尴尬，其实并不是真的找不到工作，而是找不到自己理想中的待遇好的工作。就业难是不可否认的事实，所以毕业生找工作一定要摆正心态，以学习为目的，不要对薪资问题太敏感。

应届毕业生在刚刚进入职场时不要对金钱抱着非常高的欲望，金钱作为工作报酬应当是与自身的劳动价值相匹配的，如果对薪资的期望值过高，对自己来说是一种非常大的压力，因为拿着高薪势必会比其他人承担更多的责任。

下面讲一个著名的职场故事：5分钱硬币与3万元花瓶

一天，母亲正在做家务，忽然听见4岁的儿子惊慌的叫声，她赶快跑出来一看究竟，原来儿子的手被卡在花瓶中出不来了。看着满眼泪花的儿子，这位母亲第一反应就是把儿子的手拉出来，但是无论她怎么努力都不行。情急之下她找来锤子敲碎了花瓶，这时她发现儿子的小手紧紧地攥着，怎么也不肯松开。经过再三劝说儿子才肯慢慢打开手心，原来他的小手心里紧紧攥着一枚5分钱的硬币，所以手卡在瓶口出不来。

她问儿子："你怎么不把手松开呢？放下硬币你的手就可以出来了，妈妈也就不必打烂这个价值3万元的古董花瓶了。"

儿子回答："妈妈，我怕一放手它就掉了！"儿子天真的回答让这位母亲哭笑不得，她刚才竟然为了一枚5分钱的硬币，砸烂了一个价值3万元钱的花瓶。

这个故事很有意思，也很可笑，但是笑过之后我们不妨反省一下，其实在我们自己身上也或多或少地能看到一些故事中小男孩的影子，为了"5分钱硬币"而因小失大。

在我们手中紧抓不放的"硬币"诸如权力、荣誉、金钱、成就、利益等，之所以不愿松手的原因主要是对自己已经拥有的东西就认定是属于自己的，生怕一旦松开后这些东西就再也没有了。但是不会考虑紧抓不放会不会让自己丧失更大的机会。

对于求职者而言，对高薪职业的向往和追求就好比是那紧攥在手中的硬币，越不肯放手越是得不到，以为追求高薪，而不考虑自己能力和发展问题，最终将会被金钱迷失了双眼，看不到更长远的前途。

每个人都希望找到一份理想的工作，高薪是每一位职场人士的目标，但是"君子爱财应取之有道"，"要高薪，先升值"，这才是正确的职场价值观。刚进入职场比得到高薪更重要的是积累经验、提高能力，升值是一个循序渐进的过程，端正心态、一步一个脚印地充实自己，让自己真正值钱。

非你莫属：求职故事再现

求职者姓名：周晨

节目时间：2015年2月1日

最高学历：硕士

就读院校：西南大学，汉语国际教育专业

求职意向：活动策划与执行或者助理、管理、企业培训类工作

周晨25岁，河北秦皇岛人，硕士，西南大学汉语国际教育专业，本科是播音与主持艺术专业。2014年10月结束了半年之久的在泰国曼谷的研究生毕业实习。在《非你莫属》想找一份活动策划与执行或者助理、管理类，以及企业培训类工作，薪资要求不低于6000元。

慕岩："周晨确实很帅，在学校做过主持和晚会导演、策划等实践活动；另外，他去泰国做过汉语老师，他的形象是暖男气质，从小到大女生缘很好，但是他的婚恋观还是很严肃的。"

涂磊："刚才说有很多女生追你是吧，很严肃地谈过几次恋爱？"

周晨："上学的时候可能会有一些吧，谈过四次。第一段是从高一开始谈了将近六年，最后因为上了大学之后我们两个异地，时间差上的问题导致分手；第二段是在本科即将毕业的时候，在学校的驾校认识了一个学音乐舞蹈的姑娘，但时间很短暂，一个多月；第三段也很短暂，一个多月吧。"

涂磊："第四段让他女朋友来说，你们怎么相识的？"

杨颖（女友）："之前有一段他做微商代购化妆品，我就加了他的微信，买了一些他的产品，是他的顾客，然后把他自己也卖给了我。到

目前为止谈了有一个多月。"

涂磊："因为他做过主持，所以我现在让你主持一下自己的婚礼，好吗？"

周晨："我从来没有想到我的这一生当我生活到25岁的时候，我会站在天津卫视《非你莫属》的舞台来主持我自己的婚礼。我的爱情不是集邮，也不是快餐，它确实发生过很多段感情，从我的成熟到我现在青年的这样一个时代。站在我身边的这个女孩，我今天可以把她带到《非你莫属》，我的婚礼现场，那么就说明我想娶她。但是在我看来，婚姻可能只是一个财产上的契约，所以我更希望今天是我爱情的典礼而不是我的婚礼。那么各位来宾，各位朋友，女士们，先生们，首先请出本次爱的典礼的男主角，我自己周晨。那么为您隆重介绍站在我身边的这位美丽大方、愿意相伴我一生、参与我今天爱的宣言的姑娘。她叫作杨颖，来自我的家乡，是我的爱人。"

杨颖："我觉得婚礼是一件很没意思的事，因为大家根本就不关心你的那些仪式，那些来宾可能不会真的在意你幸福不幸福。可能作为女生你会打量她的婚礼，她的鞋子，她的妆容；岁数大的会比较这家女儿嫁得怎么样，那家女儿嫁得怎么样，仪式怎么样，排场怎么样，菜品怎么样，没有人问她幸福不幸福。"

陈昊："你不觉得你长得这么阳光，选的都是一些稳定性的工作，你刚毕业不冲一下吗？"周晨说自己对职场而言是个新人，对其他岗位不太了解。陈昊认为他的形象非常好，适合做销售或商务拓展，而且销售的收入明显要更高。但周晨还是坚持不考虑营销类岗位。

周晨给现场的老板做了一个简单的泰语教学培训，与杨大伟、刘佳勇、郝颖、沈东军等BOSS互动——

周晨："欢迎来到我的泰语课堂，我是你们今天的新老师，周晨老师。首先我要教你们一个泰语最基本的自我介绍用语'你好'，在泰语里女生用的语法和男生是有区别的。下面我向几位同学介绍一下这个的重要性，因为泰国是一个性别文化非常开放、非常重要的国度，所以说当我们的男同学在泰国见到朋友打招呼用女生的语法时，那非常不幸，泰国朋友就会认为你是一个同性恋。"

徐睿："老师，我在泰国的时候经常遇到泰国的男士用女生的语法跟我打招呼。"

周晨："好的，来旁听的这位同学提的这个问题非常好，所以你碰到谁了你知道吗？就证明了在泰国向你打招呼的这个男生他的性取向不言而喻了。"

徐睿："老师，还有就是我特别喜欢郝颖，我用泰语怎么跟她讲她就会爱上我？"

周晨："下面我就来教大家最重要的一句话'你真漂亮'。几位同学要记住'你真漂亮'的发音是……"

郝颖："我觉得特别舒服，如果他是我的老师我一定特别喜欢跟他学，我觉得他特别生动。最关键的一点是刚才我们突然说'同性恋'不能说，他马上就会说'那就不言而喻了'。他很机智，而且他给人的那种亲和力、那种人格魅力都特别适合做培训。"

陈昊说喜欢一个人就要给他最好的，他喜欢周晨所以他想帮周晨选择最适合的工作，"我觉得年轻人可以任性，你可以有一个偏好，但是你得给他一个具体的理由"。他说如果周晨怕做不好的话他们可以帮助他做好。因此还引发了一场争论：

沈东军："如果他没有兴趣你们为什么非要让他去做呢，他作为培训总监、培训总经理一样有一个很好的职业发展规划。"

陈昊："不接地气的培训师混不了多高。你不想要什么，但是他觉得你真的很好，还一定要给你的才是你的老板。我曾经的助理，拿着一万块钱的底薪，我让他去做销售，他年薪超过50万元。你说他该感激我还是该骂我？"

刘佳勇："跟薪水没关系，跟他的定位有关系。"

陈昊："如果他有这个潜力，我又能教他，为什么不试一下呢？"

刘佳勇："但如果人家就不喜欢呢？"

但是周晨还是坚持自己的选择，他不接受销售岗位。

求职结果

企业：韩束化妆品；薪资：8000元+/月。

周晨获得了现场BOSS的12盏灯：

> **孙雷**
> 玖富网创始人CEO

玖富网（孙雷）：市场总监助理，薪资9000元起，工作地点在北京。

艺恩咨询：市场活动执行，薪资6000元。

解决网：总裁助理。

趣分期：首席执行官管理培训生，年薪15万，税前月薪12500元。罗敏："全球只招10个人，目前招到4个人。入职当天签订趣分期当前价值100万元人民币的期权。分4年执行，每年执行25%。如果趣分期上市我会带你去敲钟。"

咖啡之翼：总经理助理，薪资10000元起。

58同城：营销方向的管培生，薪资6000元。

通灵珠宝：培训专员，薪资6000元。

韩束：活动执行，企业培训，薪资8000元。

香港环保社企（杨大伟）：区域发展主任，工作地点在北京，薪资12000元。

杨大伟
香港环保社企创始人

优胜教育：加盟连锁事业部总经理助理，薪酬10000元底薪起加绩效。

福能集团：福能集团在大学生创业职场能力养成平台的PVGO项目上这两个岗位都可以给你，起薪8000元。

美尔目眼科：董事长助理，起薪10000元，工作地点在北京，有住宿。

周晨灭掉10盏灯留下美尔目眼科和韩束化妆品这两家企业，经过考虑后他选择了去韩束，这与他的目标意向非常符合。周晨说对于其他企业给出的高薪他感到"受宠若惊"，最后的选择证明了他的理智。

经验之谈：脚踏实地，前途无量

周晨是一个基本素质非常好的选手，他不仅学历高、形象好，而且特别踏实，目标也十分明确，在待人接物方面体现出非常高的素质。总之，周晨是一个非常招人喜欢的职场小白。

在面试的第一个环节周晨展示了自己在主持方面的能力，为自己的婚礼做主持，无论是表达能力还是流程安排都显得比较有职业范儿。

由于周晨表现出的个人条件十分优秀，长相很阳光，陈昊建议他做销售，他认为周晨现在刚毕业应该为自己的将来冲一下，而他的求职意向相对来说比较稳定。但周晨很坚定地拒绝了，因为他认为自己对其他岗位不了解，而且自己的兴趣也不在销售方面。罗敏说周晨敢于拒绝这一点很值得肯定，这体现出他对自己的定位很明确。

在"天生我有才"环节，周晨展示了自己在教学方面的能力，他给现场的杨大伟、刘佳勇、郝颖、沈东军四位老板做了一个简单的泰语教学培训。

郝颖给他的评价是听了他的讲课觉得特别舒服，他的讲解非常耐心、详细，也很生动，最关键的一点是他很机智，亲和力强，非常吸引人，所以她认为周晨特别适合做培训。

陈昊在看了周晨的教学展示后，更坚持认为周晨的性格适合做销售，所以他强烈建议周晨考虑考虑。对于周晨的拒绝他感到非常难理解，他很看重周晨，希望能帮助他选择更好的职业，并且表示自己可以帮助他做好。

在"能做什么"和"想做什么"二者之间BOSS团展开激烈的讨论。沈东军认为既然周晨志不在此，就不应该强迫他去做，如果按照他的目标意向发展下去的话将来作为培训总监、培训总经理一样有一个很好的发展前途。而陈昊认为应该让周晨把自己在销售方面的优势充分利用好，如果他愿意做销售的话自己可以让他拿着高额的底薪做销售。刘佳勇说这是周晨的个人定位问题，跟薪水没关系，跟他的定位有关系。

虽然BOSS团对周晨的职业定位争论得热火朝天，但周晨个人却十分冷静，即便是陈昊愿意提供高薪去培养他，他还是坚持自己的选择。周晨说："我不想接受做销售，既然不想做销售就没必要再展示销售方面的能力，而且也未必能展示得好。"可见周晨在自己的职业理想和金钱之间更看重的是前者，如果这个岗位他自己不感兴趣，即使工资待遇再高，他也还是不会考虑。

周晨最后完全不出意料地获得了爆灯，他成为被BOSS团争抢的对象，尤其是在趣分期罗敏给他提供首席执行官管理培训生，并给出年薪15万，税前月薪12500元的高薪之后，在这种炒作下，其他BOSS给出的待遇也都比较高。

但是在这种场面中周晨也没有失去理智，他对自己的评价很客观，在灭灯环节很果断地选择了放弃这个"受宠若惊"的高薪机会，他选择了去韩束。许怀哲："他到底值不值那么多钱有待商榷，但是在职场中形象又好，待人接物有分寸，你的职场会很顺利。"

周晨在面试中表现出他对事物的判断很清晰，虽然是一个职场小白，但表现出了可以培养的潜力。郝颖："如果他不让自己飘起来，一步一个脚印地往上走的话，他的前途是不可限量的。"

编者语：不要让自己飘起来

就业是一个不可回避的社会现象，但是有一部分求职者却非常幸运地成为"上帝的宠儿"，在求职中成为多家企业争抢的对象，甚至有的学生还没毕业就得到了多家企业抛来的"橄榄枝"。作为这样出类拔萃的人才自然是不用为找工作发愁，得到一份高薪工作也不是梦，但是在鲜花和掌声中一定要保持清醒和理智，不要让自己成了被捧杀的对象。

一般而言，刚入职的新员工不会比有经验的老员工得到更好的薪资待遇，但是也不排除会有个别大学生的确具备过人之处。虽然刚走出校门，但是他们在大学期间参加过各种实践活动，为求职做好了全方位的准备，因此表现出了让招聘方满意的素质和能力。即便如此，在求职面试中以及在正式进入职场后也应当保持冷静，不要因为一时的得意而迷失自我。

当刚刚步入职场就可以轻而易举地拿到比工作多年的员工更高的待遇时，很容易被冲昏头脑，让自己飘起来。初入职场要安下心来为自己充电，好高骛远、不切实际这种心态对个人将来的发展是非常不利的。

走出象牙塔如何接地气

象牙塔的含义是超脱现实、远离社会生活的孤独舒适的个人小天地，而现在提到象牙塔主要是指脱离现实生活的大学、研究院等学术机构。之所以把大学毕业生看作是刚从象牙塔走出来的，是因为大学生这一顶着天之骄子光环的群体，在走出校园、走进社会以后给人们留下的印象往往是不接地气。

很多求职者在面试中表现得非常自命不凡，谈到自己的未来规划时简直就是鸿篇巨制，对于目标岗位更是有一种舍我其谁的架势，显得信心百倍。对于这样的求职者面试官往往会敬而远之，因为眼高手低的人是很难适应企业环境的。

应届毕业生缺乏真正的实践经验，无法很好地把理论知识应用于现实的工作中，纸上谈兵的能力很强而实际的动手能力差。大学生刚刚步入职场应当抱着一种学习的心态，大学期间接触社会相对来说比较少，缺乏实际的职场经验，对真正的职场并不了解，所以前期首先要使自己适应环境。

即便在学校期间成绩非常优秀或者参加过一些兼职活动，但毕竟只是皮毛。上学期间的光环可以为面试成功增加筹码，提高成功的概率，但是心态一定要摆正，千万不可盲目自信。只有对自己的优势和劣势有一个客观、准确的判断，认识到自身存在的不足，踏踏实实地学习和提高自己，才能真正成为能够为企业创造价值的人才。

当前大学生创业也成为一个非常热门的话题，政府和学校也有很多激励政策，很多学生毕业后选择自主创业，无论创业还是就业，都必须具备丰富的实践经验。大部分刚毕业的大学生创业都非常盲目，无论是在行业知识方面还是在管理经验和社会阅历方面都有所欠缺。另外，大学生在上学期间住在象牙塔里面，与社会现实脱节，无论对社会还是对自己的认识都不够清晰。很多大学毕业生并不知道自己真正要做什么、能做什么，也不知道自己真正的优势所在，只有进入职场后，在实际的工作中才能了解社会、了解自己。

创业过程并没有想象中的简单，需要做好很多铺垫，任何一个成功的创业者如果不具备实实在在的经验积累，想获得成功是非常困难的。"纸上谈兵"容易，但是创业是需要实战能力的，不像在学校那样，一切都是理论。要想创业成功在知识方面和经验方面以及阅历方面缺一不可，除此之外还应有足够的资金和人脉支持。仅仅靠一腔热情就想去创业是远远不够的。

所以，无论将来是选择创业还是就业，作为求职者在面试中都应该表现出踏实的心态。具体而言，一定要接地气，对自己的评价一定要切合实际，不能盲目自信、夸夸其谈。只有从象牙塔的光环中真正走出来，才能成就实实在在的成功。

非你莫属：求职故事再现

求职者姓名：甄凯

节目时间：2015年1月5日

最高学历：硕士

就读院校：清华大学，计算机专业

求职意向：产品类

甄凯是石家庄人，学历硕士，就读于清华大学计算机科学与技术专业，本科学的是软件工程。来到《非你莫属》想找到一份产品类实习生的岗位，工作地点要求在北京。

慕岩："甄凯是我清华的校友、师弟，本科就读于西安电子科大，由于学习成绩突出，被保送到清华大学计算机系读研究生。研究生第一年他已经把硕士论文写完，业余时间去教托福，教了几个月后被这家机构直接升为主管，因为他不仅托福教得好，还具有很好的领导能力。甄凯是清华的学霸之一，而且确实不光是学习好，其他方面也都很强。"

涂磊让他解释一下什么叫学霸，甄凯："学校要评各种奖项都会有一堆指标，所谓学霸就是所有的指标只要能量化的，我都会亮瞎你，这样的人就成学霸了。"甄凯说自己大学期间当了4年学霸，是典型意义的好学生，获得过两次国家奖学金，参加过数学建模竞赛，但是到清华他戒了学霸，不再做那些事了。

关于戒掉学霸这种说法BOSS团表示很难理解，陈昊："这倒是我听过的一个新奇的说法，我还是没太听明白，你把学霸给戒了，那你现在的目标是什么呀？"甄凯："我发现我其实做一个教育，尤其是做托福我做得很成功，我发现我能帮这么多年轻人完成考试，所以我觉得是一件很开心的事。"

陈昊："听你这意思，你要创业呀，因为你想让更多的人受益嘛。"甄凯并没有承认他要去创业，他说："我比较规避这个字眼，因为它太热了，有很多泡沫在外围。"但实际上他所表达

> 陈昊
> 优胜教育集团董事长

的意思就是这样的。谈到他的创业项目，甄凯说很多孩子家庭贫困，考托福的费用对他们是一种压力，他的项目在于提高考试通过的机会。他说自己有办法能够攻克托福口语，另外他希望做一个能够模拟自动判卷的系统，使学生们练好了以后再去考托福，这样就能给国家省不少钱。

刘佳勇："这跟其他培训机构有什么区别吗？"甄凯认为自动判卷系统是一种比较超前的优势。由于甄凯对自己的创业项目非常有把握，使得现场的BOSS对他今天求职的意图产生猜测。陈昊："我觉得在你这个年纪找到一个梦想挺不容易的，你已经有这么明确的目标你来这儿找什么工作呢？"因为他的这个项目除了和优胜教育沾边，和其他的都比较远。

甄凯："大家不要说我狂妄，因为我是被逼成这个样子的，我给大家带来一个我觉得很能赚钱的想法。这个想法就是通过托福的在线教育，去吸纳一些非常急于把成绩考出来的学生，通过这个方式去盈利，而且还是一堆人。"

甄凯的目的是想把自己的项目推荐给各位BOSS，这有点像在找合作方，不像在找工作。涂磊："我觉得你说的这个项目确实是不错，你本人也很优秀，但现在已经偏离了求职的轨道了，我觉得我们这只是求职位不是来拉赞助，或者是找合作方。"

甄凯："我其实真的没有想到创业，我只是觉得如果我能把这些讲清楚，在座老板忽然发现我这个想法确实很好，然后让我到他的公司，给我提供条件去试一试。"刘佳勇："我觉得在我们企业就很好。"

涂磊问到甄凯的薪水要求时，他表现得非常含糊其词，打算留到下一个环节再讲，但是主持人坚持让他回答得爽快一点，他说之前有要价60万元的求职者，自己的意向是60万元到100万元。慕岩："你要明确你要做的不是你那个项目，比如说去优胜教育帮他们开发产品。"

陈昊："你有两个逻辑错误：第一，你知道实习的定义是什么吗，从字面解释就很清晰，实践学习，你现在成了要求我们定向培养了，这是一个逻辑错误。第二，比如说你认为你的产品在现场的几家企业都适合，那优曼家纺你怎么跟英语教育结合呢，就算你想搞创意的跨界，你这个学考托福跟卖家居用品什么关系呢？"

刘佳勇："直接回答我们的问题，你到底是要去什么行业，为什么要去那里，然后实习想做什么？"甄凯："我的首选是教育和互联网这样跨界。"刘佳勇问他薪水时慕岩提醒他实习期以学习为主，所以甄凯说薪酬刚开始一个月2万块钱，如果要是愿意按这个项目周期去资助的话，那就是另一个概念了。"

> **刘佳勇**
> 福能集团董事长

刘佳勇："第三个问题没回答，你去了是否只做一个项目，还是愿意公司给你派任何的活儿你都干？"甄凯说2万块钱只是针对于做他的项目，如果做其他工作他还要按另一个行情去谈。刘佳勇："我要收回我刚才的话，我本来是想给你个机会让你去展示这个项目，把它讲清楚，为了你好有一个到公司里来应聘的机会，但现在你变成什么赤裸裸了我只要干这个项目。"

慕岩："你毕竟没有做过互联网产品你完全可以说我一个月要5000块钱，我帮你们先做你们的互联网产品，从中学习完以后我再看能不能把我的项目对接上，这样不更靠谱吗？"

杜子建："为了他这个产品经理的身份我刚刚问了我们公司重要的高管，也问了一个在联署工作的中国人，一个产品经理的正常工资是15000元到2万元。我说你已经报价了，报了60万元到100万元，他给我来了一句回话特别漂亮：'是清华的吗，蓝翔技校出来的也不会这么报价。'"

> **求职结果**
>
> 甄凯：如果我只是想囫囵吞枣拿到一个工作的话我相信我是可以的，永远有老板要我，你把薪资压低一点、谦虚一点然后表现学习的态度，我会做，但是我现在需要的不是一个工作。

经验之谈：靠谱一点会更好

甄凯是一个典型的天之骄子，他非常优秀，也很有想法，对自己的能力也非常有信心。无论是学历还是能力，他都可以称得上是一个很厉害的角色，但是在本次面试中他受到了非常大的争议，并且到最后没有找到理想的工作。究其根本原因，我们认为甄凯在走出象牙塔之后没有很好地接地气，有点太理想化了。

在节目一开始BOSS问到他的目标时，他就讲了他的一个创业项目，给大家的感觉是他的目标就是创业，而且有很清晰的目标，但是甄凯并没有正面承认自己想创业。陈昊问他既然自己有梦想、有目标，为什么不去创业还要来找工作，他说觉得在座的BOSS可以给他提供合适的工作。

根据甄凯对项目的介绍，现场企业可以跟它沾边的也就是优胜教育，所以BOSS团对他来求职的真正目的表示怀疑。一开始刘佳勇觉得他的想法不错，让他把自己的项目解释清楚，然后让BOSS看到他的能力和创意，然后让他先到企业实习，并实现他的创业梦。但是当甄凯提出实习期要拿到2万元的月薪并且不接受企业安排的其他工作时，大家更加相信甄凯来求职的目的实际上是找合作方。

慕岩问甄凯有没有做产品经理的经验，甄凯回答说没有。虽然甄凯在学校曾经是个学霸，在清华读研放弃了做学霸依然很不错，但是他毕竟没有做过产品经理。他这个产品有一定前景，但技术上实现很难，而且他也不太懂怎么做产品。所以慕岩建议他首先应该到一个互联网公司的产品部门，学习怎么设计一个互联网产品。

甄凯在没有任何互联网方面的产品开发经验的情况下要求一个月2万元的月薪，而且还一定要做他的这个产品，显然是无法让BOSS团接受的。陈昊认为他没有弄清楚实习的概念，实习生是到企业来学习的而不是定向培养，如果一个企业愿意给出这么高的实习工资的话恐怕只有父子和母女关系才有可能。甄凯对自己创业项目的自信，以及他对于去企业求职实习生与定向培养之间的模糊定义，让BOSS团对他的求职态度产生质疑。

杜子建："一个有才华的年轻人应该低调地展示自己的才华。"但是他认为甄凯在面试中没有表现出应有的谦逊。周思敏说甄凯表达能力真的很好，但是他太想赢了，所以送给他的一句话是"平静才能擦亮自己的眼睛"。只有抛弃过去的光环，让自己真正做到理智、冷静，才能对自己产生正确的评价。

虽然甄凯的确很优秀，但甄凯对自己的创业项目过于自信，他的项目虽然创意不错但是真正要实施的话还是有很大困难的。作为一个应届毕业生，他没有任何成功项目的经验，之前的所有经历都是教育方面的，所以他对自己的判断有点过高了。

> 何一
> okcoin联合创始人

何一："如果你今天找工作是托福口语讲师主管的工作，可能有人会给你2万块的薪水，但是你要找的是产品经理，可以说是零经验，2万元以上的薪水我绝对不会考虑，这是我对你一个中肯的建议。"

在最后的采访中甄凯说他明白自己求职失败的原因，他认为如果自己只是想找一个工作的话是完全可以的。他说自己也可以选择把薪资压低一点，谦虚一点，然后表现出学习的态度，但是他现在需要的不是一个工作。所以说甄凯对于实现自己的创业项目这件事的态度有点操之过急，他还是没有真正做到切合实际，他把创业看得过于简单。

甄凯代表了典型的大学生创业者的心态，他们甚至对项目的风险评估和市场潜力没有准确分析，而且本身也不具备相应的经验，仅凭自己的一厢情愿就想获得成功是不够的。就像慕岩所说的那样，他应该先到一个正规的企业，在产品部门实习，学到相应的工作经验以后再去考虑自己的项目是否能对接。

编者语：创业是修行，不是做学问

大学生创业是全社会关注的焦点，不仅政府和学校鼓励大学生创业，更有很多企业也在对大学生创业提供帮助。大学生在得到来自各方面的支持和鼓励时，一定要保持理智和清醒，认真分析自己的创业时机是否真的成熟，不要因为一时兴起就盲目去创业。

大部分遭遇失败的大学生创业者通常都是属于"纸上谈兵"型的，无法做到把理论应用于实践。甚至有些创业者出于对创业英雄的盲目崇拜，仅凭自己的一腔热情就开始创业，完全没有做好创业的准备，缺乏必要的市场意识及商业管理经验。有句话说得好：创业是修行，不是做学问。创业的重点不在于方法和理论，而在于实践和行动；理论知识掌握得再熟练，也需要在实际应用中得以体现。

只有保持平静才能真正看清楚自己，看到自己的不足，努力充实自己，提高自己，使自己具备创业的实力。理想和现实总是有差距的，只有做到脚踏实地，为实现自己的创业梦打下坚实的基础，做到真正的接地气再去考虑实施这件事，才会增加成功的机会。

小　结

本章针对面试中常见的几种心态问题给求职者提供一些参考建议，本章一共谈到了六种心态：

第一是保持乐观。乐观的心态也是一种优势，因为乐观的人永远不会输，保持乐观的心态会让面试官对你更有信心。

第二是做好求职失败的准备。告诉自己面试中的挫折只是一个小插曲，因为人生不是得到就是学到。

第三是摆脱紧张心理。过度紧张是一种不必要的麻烦，面试中往往会因为紧张而语无伦次，所以要保持一颗平常心。

第四是空杯心态。只有摘掉光环，保持学习和进取精神才能使自己得到进一步提高。

第五是正确看待薪水问题。想要高薪一定要先让自己升值，警惕高薪的糖衣炮弹，不要让自己飘起来。

第六是理想要符合实际。走出象牙塔之后要学会如何接地气，不妨把姿态再放低一点，让自己看起来更靠谱。

心态决定命运，一点也不夸张，求职者在努力表现自己的各种优势的时候，不要忘了拥有一个好心态，这样会给自己带来好运气。